지금은 통성으로 기도할 때입니다

하늘 문을 여는
기도말씀 264절

성경암송학교
KOREA BIBLE RECITATION SCHOOL

성경암송학교(BRS)는 복음적이고 성경적인 선교단체로서,
신명기 6장 4~9절의 말씀에 근거하여
이 땅의 모든 교회와 목회자, 그리고 크리스천들과 그들의 자녀들이
하나님의 말씀을 암송하고, 하브루타하고, 테필린복음을 선포하면서
하나님의 말씀을 실천하도록 돕는 기독교 교육기관입니다.

하늘 문을 여는
기도말씀 264절

초판1쇄 인쇄 : 2025년 02월 10일
초판1쇄 발행 : 2025년 02월 17일

지은이	박종신
펴낸이	박종신
디자인	디자인니엘
교 정	이명현 이경실
펴낸곳	성경암송학교(BRS)
등 록	제2018-000006호(2014.4.30)
전 화	010-3018-0693/ FAX 041-532-0698
인쇄처	영진문원
홈페이지	www.amsong.kr
전자우편	jpm001@daum.net

ISBN 979-11-88552-31-3(03230)

※ 책 가격은 뒷 표지에 있습니다.
※ 이 출판물은 저작권법에 의해 보호받는 저작물로 무단전제와 복제를 절대 금합니다.
※ 잘못 만들어진 책은 구입하신 서점에서 교환해 드립니다.

하늘 문을 여는

264 Bible Words of Prayer

여호와께서 이르시되
내가 그들과 세운 나의 언약이 이러하니
곧 네 위에 있는 나의 영과 네 입에 둔 나의 말이
이제부터 영원하도록 네 입에서와 네 후손의 입에서와
네 후손의 후손의 입에서 떠나지 아니하리라 하시니라
여호와의 말씀이니라
| 이사야 59:21 |

예수께서 대답하여 이르시되 기록되었으되
사람이 떡으로만 살 것이 아니요
하나님의 입으로부터 나오는
모든 말씀으로 살 것이라 하였느니라 하시니
| 마태복음 4:4 |

너희가 내 안에 거하고 내 말이 너희 안에 거하면
무엇이든지 원하는 대로 구하라 그리하면 이루리라
| 요한복음 15:7 |

프롤로그

지금은
통성으로 기도할 때입니다

• 그래도 기도해야 한다

2024년 12월 24일,

온 세상이 예수님의 탄생을 기념하며 기쁨으로 가득해야 할 성탄절 전날.

경기도 수도권 제1순환고속도로 인근 갓길에 세워진 승합차 안에서 60대 교회 목사가 스스로 생을 마감한 채 발견되었다. 차량 안에는 자신의 처지를 비관하는 내용의 유서가 남겨져 있었다고 한다.

얼마나 깊은 고통 속에 있었기에 이런 선택을 했을까? 기도할 수 있었음에도 왜 그 길을 택했을까? 혹시 기도의 무용함을 느끼게 되었기에 기도조차 하지 못했을까? 성도들에게 "어렵고 힘들 때 기도하라!"고 외쳤을 그가, 왜 자신의 삶은 자살로 마무리했을까? 똑같은 인간으로서

연약함이 있었을지라도, 하나님의 종으로 부름을 받아 최소 30년 이상 목회 사역을 감당하며 생명의 말씀을 전했을 그 목사의 죽음은 그저 안타깝고 비통할 뿐이다. 그의 마음을 짓눌렀던 고통이 얼마나 컸을까…

살다 보면 누구나 인생의 무게에 짓눌려 주저앉고 싶을 만큼 힘들고 고통스러운 순간을 맞이할 때가 있다. 그 고통이 너무나 깊고 앞이 보이지 않아, 울고 또 울다 지쳐 잠이 드는 날도 있다. 해결할 방법이 보이지 않는 절망과 막막함에 사로잡히면, 온몸에서 힘이 빠지고 주저앉게 되는 것이 인간의 연약함이다. 이런 상황을 우리는 흔히 "설상가상"이라고 표현한다.

"설상가상(雪上加霜)"은 불행한 상황 위에 또 다른 불행이 겹치는 것을 의미한다. 이는 이미 힘든 처지에 놓인 사람이 추가적인 고통을 겪게 되는 경우를 나타내며, 어려운 상황이 더욱 악화되는 것을 표현하는 데 사용된다. 이처럼 불행이 겹치는 상황은 사람에게 최악의 심리적 타격을 주는 것이다. 이는 사람이 경험할 수 있는 최악의 상황을 상징한다. 안타깝게도, 하나님의 자녀인 크리스천들조차 이러한 시련에서 예외가 될 수 없다는 사실이다.

- **지금은 기도할 때이다**

나 역시 이러한 일을 겪은 적이 있다. 내가 섬기고 있는 성경암송학교(BRS)는 2016년 강화도에 3,000평의 대지와 5개 동의 건물을 매

입 조건으로 임대하기로 계약했다. 성경암송을 위해 방문한 성도들을 예수님의 이름으로 섬기기 위한 최적의 장소로 마련되었다.

그러나 그곳은 쓰레기가 쌓여 있고, 썩고 더럽고, 전혀 관리되지 않은 상태였다. 우리는 그 건물에 적지 않은 금액을 투자하여 인테리어를 마치고 성경암송 사역을 시작했다. 정말 지옥 같은 곳을 천국으로 만들며, 꿈에 그리던 사역에 박차를 가하고 있었을 때의 일이다.

그러나 건물의 주인이자 교회의 장로였던 그는 사기꾼이었다. 우리 몰래 그 건물을 다른 사람에게 팔아넘겼고, 성경암송학교는 보증금과 투자된 금액을 한 푼도 돌려받지 못한 채 거리로 쫓겨나게 되었다. 이 보증금과 투자금은 나와 성경암송학교가 가진 모든 것, 그리고 성경암송을 사랑하는 성도들이 십시일반으로 모아준 소중한 헌금이었다. 그중에는 극심한 가난 속에서 드려진, 사렙다 과부의 마지막 남은 밀가루와 기름처럼 귀하고 값진 헌금도 포함되어 있었다.

그뿐만 아니라, 오히려 사기꾼에게 소송까지 당하며 죽고 싶을 만큼 고통스러운 시간을 겪었다. 이보다 더 큰 망신은 상상조차 할 수 없었다. 나는 오직 신실하게 하나님의 사역을 위해 강화도로 들어왔고, 모든 것을 바쳐 투자했는데 이런 일을 겪다니, 도저히 이해할 수 없었다. 하나님을 원망하는 마음이 솟구쳤고, 차라리 죽고 싶다는 생각까지 들었다.

성경암송학교를 위해 기도하며 헌금을 드렸던 후원자들의 얼굴을 이제 어떻게 마주할 수 있을까? 후원자들 앞에서 이 상황을 어떻게 설

명해야 할까? 내가 무엇을 잘못했기에 이런 고통을 겪는 것일까? 할 수 있는 것은 아무 것도 없었다.

그럼에도 불구하고 내가 할 수 있는 것은 기도뿐이었다. 죽도록 기도했고, 매달려 기도했다. 그러나 상황은 점점 나빠지고 있었고, 기도를 해도 응답이 보이지 않자 견딜 수 없을 정도로 숨이 막혔던 기억이 떠오른다.

• 최악의 순간에 우리가 해야 할 기도

최악의 순간에 우리 크리스천들은 어떻게 해야 할까? 솔직히 말한다면, 이처럼 힘든 순간에는 살기 위한 생존의 기도가 필요하다. 하늘 문이 열리는 능력의 기도가 필요하다. 기도를 통해 우리는 하나님께 우리의 아픔과 고통을 진솔하게 나누고, 그분의 위로와 인도를 간구하는 시간을 가져야 한다. 사방이 가로막힌 고난의 시간, 너무 고통스러워 눈물조차 나오지 않은 상황에 생존을 위한 기도 말고는 달리 도리가 없기 때문이다. 이런 상황에 [파워 통성기도]만큼 위대한 것은 없다.

[파워 통성기도]는 단순히 큰 소리로 요청하는 행위가 아니라, 우리의 마음을 하나님께 열고 그분과 깊은 교감을 나누는 과정이다. [파워 통성기도]를 통해 우리는 하나님의 평안과 힘을 경험하며, 다시 일어설 용기를 얻게 될 것이다. 결국, [파워 통성기도]는 절망 속에서 하늘의 문을 여는 강력한 능력이기 때문이다.

고통의 서사와 관련된 연구로 유명한 아서 프랭크(Arthur Frank)의 저서 〈아픈 몸을 살다〉에는 깊은 감동을 주는 아름다운 문장이 있다. 그는 이 책에서 "하나님은 문을 닫으시면서 창문을 여신다"는 절절한 고백을 한다. 이 말은 우리가 인생의 어려움 속에서 어떤 문이 닫혔을 때, 그 상황이 끝이 아니라 새로운 가능성과 기회가 열리는 시작임을 의미한다.

프랭크는 고통과 아픔 속에서도 하나님께서 우리에게 주시는 은혜를 발견할 수 있다고 강조한다. 이때가 바로 우리에게는 "통성기도의 시간"인 것이다. 우리는 [파워 통성기도]로 하나님께 나아가야 한다. 비록 세상의 문이 닫힌 것 같을 때, 하나님의 자녀 된 우리는 [파워 통성기도]를 통해 하늘 문을 열어야 한다. [파워 통성기도]는 한국 크리스천 특유의 기도이며, [파워 통성기도]의 폭발적인 힘은 우리를 새로운 영적 세계로 인도한다. 지금부터 [파워 통성기도]를 통해 하늘의 은혜를 경험해 보자.

• **한국인, 한국교회의 기도**

한국교회에는 다른 나라에서는 보기 힘든 독특한 기도 문화가 있다. 새벽기도, 철야기도, 산기도, 작정기도, 금식기도, 통성기도 등이다. 전 세계 어디를 가도, 심지어 한국에 복음을 전해주었던 미국교회에도 없는 것이 바로 이런 기도들이다.

한국은 진정 '기도의 나라'라 불릴 만하다. 2025년 현재, 기독교가 한국에 전해 내려온 지 불과 140년이 지났지만, 한국교회는 놀라운 성장세를 기록해 왔다. 그 결과, 세계 10대 교회 중 절반이 한국교회가 될 정도로 부흥의 역사를 이뤄냈다. 이러한 부흥의 배경에는 한국인들의 독특하고 열정적 기도 문화가 중요한 역할을 했다는 것을 부정할 사람이 없을 것이다.

• 영적 사대주의에서 벗어나야 하는 이유

그러나 어느 순간부터 한국교회는 독특하고 위대한 기도의 유산을 버리고 서구의 기도 문화를 조건 없이 추종하게 되었다. 그 과정에서 한국교회의 기도 전통과 문화를 경시하거나 잃어버리게 되었다. 기독교가 서구에서 전래된 이후, 서구의 신앙 방식과 문화를 무비판적으로 따르려는 경향이 나타나기 시작했다. 찬양 방식, 예배형식, 심지어 한국교회만의 자랑인 기도 문화까지도 저버리기 시작했다.

이러한 영적 사대주의는 신앙의 본질을 왜곡할 위험이 있다. 기독교의 진리는 변할 수 없지만, 그것이 표현되고 실천되는 방법은 각 문화와 전통에 따라 다양할 수 있다고 믿고 있다. 그러나 한국의 많은 교회와 크리스천들은 외국의 것만이 좋고, 한국의 것을 무시하는 영적 사대주의에 빠져들고 있었다.

한국교회가 한국의 독특하고 주체성을 가진 기독교 문화와 전통들을 저버리고 서구 기독교 문화와 전통을 지나치게 의지하는 사이 한국교회는 더 부흥되고 발전한 것이 아니라 오히려 침체하기 시작했다. 그 이유는 영적 사대주의에 빠져 한국교회, 한국인 특유의 주체성과 영성을 상실했기 때문이다.

한국교회는 영적 사대주의에서 벗어나야 한다. 서구 교회의 좋은 점은 얼마든지 받아들이되 하나님이 한국교회에 주신 독특하고 탁월한 영성을 회복해야 한다. 기독교 신앙을 자국의 문화와 역사 속에서 새롭게 이해하고, 한국교회에 맞는 방식으로 신앙을 실천해야 한다. 이는 기독교 신앙을 보다 풍부하고 깊이 있게 만들며, 한국 크리스천의 신앙에 더 적절하고 의미 있는 방식으로 적용할 수 있게 하기 때문이다.

• **양보할 수 없는 것**

양보할 수 없는 것이 있다. 그것은 바로 한국산 기도이다. 앞서 언급한 것처럼 한국산 기도는 세계 어디에서도 찾아볼 수 없는 독특한 기도 문화이다. 새벽기도, 철야기도, 산기도, 작정기도, 금식기도, 통성기도는 한국교회의 특별한 능력과 간구의 방식이다.

오랜 외국 생활을 경험한 나로서는 미국, 캐나다, 영국, 호주 등에서 새벽기도나 철야기도, 산기도, 작정기도, 금식기도, 통성기도를 본 적이 거의 없다. 그들은 한국인만큼 오래 기도하지 않으며, 한국인처럼 간절하게 기도하지 않는다. 또한, 그들은 한국인처럼 울부짖으며 소리내어 기도하지도 않고, 새벽에 나와 기도하는 모습도 찾아볼 수 없었다.

나는 그들의 기도에 관한 책들을 읽어왔다. 리처드 포스터(Richard Foster), E.M. 바운즈(E.M. Bounds), 팀 켈러(Tim Keller), 앤드루 머레이(Andrew Murray), 헨리 나우웬(Henri Nouwen), 필립 얀시(Philip Yancey), 빌 하이벨스(Bill Hybels), A. W. 토저(A. W. Tozer), 스토미 오마샨(Stormie Omartian), 조지 뮬러(George Müller), 짐 심발라(Jim Cymbala) 등의 저서에서 도움이 되는 많은 원리를 배웠다. 이들 덕분에 기도가 무엇인지에 대한 보다 명확한 개념을 이해하게 되었다. 실제로 이 책에서도 그들의 주장들을 인용하기도 했다.

하지만 시간이 지나면서, 그들의 기도에 관한 주장들이 어떤 결과를 가져왔는지 궁금해졌다. 그리고 과연 얼마나 많은 사람들이 기도에 전념하게 되었는지 알고 싶었다. 그러나 현실을 살펴보면, 기도에 관한 책들이 많은 사람들에게 읽힐수록 기도하는 사람들은 줄어들고, 기도 시간은 짧아지며, 기도원들은 대부분 폐쇄되었고, 기도의 열기는 놀랄 만큼 식어가고 있었다.

- **2005년에 있었던 일**

이런 흐름 속에서, 나는 20년 전인 2005년에 [하늘 문이 열리는 파워 통성기도]를 출간했다. 그 당시에도 지금처럼 외국 유명 저자들의 책이 베스트셀러 상위권을 장악하고 있었다. 당시 젊고, 목회 경력이 짧은 내가 기도에 관한 책을 출판한다는 것은 어불성설에 가까웠다. 과연 내가 어떤 자격으로 기도 책을 집필할 수 있겠는가? 더군다나, 누가 내 책을 읽어줄 것인가? 출판 자체가 거의 불가능하다고 여길 정도였다.

그러나 단 하나, 기도와 통성기도가 다시 살아나야 한다는 일념으로 [하늘 문이 열리는 파워 통성기도]를 집필하고 출간했다. 두려움이 있었지만, 누구보다도 [파워 통성기도]의 깊은 은혜를 체험한 나는 식어가던 한국교회의 통성기도를 되살리고자 하는 마음으로 이 책을 집필했다.

외국의 유명 저자들에 비하면 무명의 존재임을 자각하면서도, 통성기도의 은혜와 하늘 문이 열리는 놀라운 응답을 체험했기에 확신을 가지고 열심히 키보드를 두드렸다. 다행히 정말 많은 분이 이 책을 읽어주었고, 이 책은 베스트셀러에 올랐고, 밀레니엄을 대표하는 「기도의 책 100권」에 포함되는 영광을 누렸다.

• 20년 동안의 통성기도 임상실험

2005년, 이 책이 출간되기 훨씬 이전부터 2025년이 되기까지 20년이 넘는 기간 동안, 이 책의 내용을 바탕으로 통성기도의 임상시험을 진행하였다. 이러한 임상시험을 실시한 이유는 세 가지였다. 첫째,

나는 이 책의 내용을 깊이 믿고 있으며, 현재도 [파워 통성기도]를 실천하고 있기 때문이었다. 둘째, [파워 통성기도]가 하늘의 문을 여는 능력의 기도인지를 매 순간 체험하고 싶었다. 셋째, 기도는 단순히 이루어지는 것이 아니라, 지속적인 훈련을 통해 완성된다는 확신을 갖고 나 자신을 훈련하는 시간을 갖기 위함이었다.

어떠한 탁월한 이론이나 주장이 시간이 흐름에 따라 퇴색하거나 유행에 밀려 사라지는 경우가 많다. 20년 전의 주장을 오늘날에도 받아들이는 사람은 드물 것이다. 그러나 이 책이 중요한 이유는 [파워 통성기도]가 유행을 따르는 것이 아니라, 영원한 가치가 있는 기도이기 때문이다. 통성기도는 나의 생애뿐 아니라 모든 이에게 해당되는 진리가 될 것이다. [파워 통성기도]는 삶의 한 순간이 아니라, 처음부터 끝까지 이어지는 과정이기 때문이다.

나는 이 책이 최고의 [파워 통성기도] 안내서인 동시에 하늘 문을 여는 한국인 특유의 기도라는 것을 확신하고 있다. 나는 이 책이 나와 한국교회, 그리고 한국의 크리스천들에게 필요한 저서가 될 것이라 확신하고 있다.

이러한 믿음을 바탕으로, 나는 지난 20년 동안 이 책에서 제시한 기도를 그대로 실험해왔다. 내가 주장했던 기도가 올바른 기도인지, 실천이 가능한 기도인지를 확인하기 위해 실험이 필요했다. 책에서 제시한 육하원칙에 따라 기도하며, 이러한 방식으로 기도할 때 하늘의 문이 열리는 역사가 일어나는지를 확인하고자 하였다. 무엇보다도, 이 기도가 성경적인지 판단하기 위해 성경을 읽고 묵상하며 기도하였다.

20년간의 통성기도의 임상을 거친 결과, 이 책에서 주장한 [파워 통성기도]가 성경적이며 한국인에게 가장 최적화된 기도라는 확신을 가질 수 있었다. 또한, 지속적으로 실천 가능한 기도라는 결론에 도달할 수 있었다. 물론, 본능적인 통성기도에 익숙한 사람이 갑자기 육하원칙에 따라 기도하기는 쉽지 않을 수 있겠지만, 꾸준히 훈련한다면 분명히 실천 가능하다는 확신을 갖고 있다.

• 우리는 [파워 통성기도]를 해야 한다

나는 한국교회의 전통인 통성기도가 완전한 기도라고 생각한다. 물론 모든 기도에는 장단점이 존재하며, 통성기도에도 어려운 점이 있다. 이와 관련된 자세한 내용은 책에서 다루겠지만, 통성기도는 그 자체로 최고의 기도라 할 수 있다. 특히 통성기도는 한국인들에게 가장 적합한 기도 방식이라고 확신하고 있다.

동시에 한국 크리스천들은 통성기도를 포기할 수 없다는 사실이다. 통성기도는 한국인의 기도 방식으로, 한국인에게 가장 적합하고 효과적인 기도 방법이다. 따라서 통성기도를 체계화하고, 더 깊은 기도의 세계와 풍부한 응답을 경험하기 위해서는 통성기도의 본질, 필요성, 그리고 응답 과정에 대해 깊이 이해할 필요가 있다. 더 나아가 한국교회의 부흥과 성장을 위해서도 통성기도에 관한 연구와 실험이 필요했다. 이렇게 탄생한 기도가 바로 [파워 통성기도]이다.

• 20년 후의 [파워 통성기도]에 대한 새로운 조명

새롭게 집필된 개정판은 20년 전의 책과 원리와 주장이 똑같다. 기도의 원리와 주장이 변하지 않았기 때문이다. 다만 더 어려워진 교회적 상황에서 통성기도를 더 강하게 만들 실제적 사례를 강화했다. 큰소리로 기도한다고 [파워 통성기도]가 아니다. 부르짖는다고 무조건 응답받는 것이 아니다. 간절하게 기도한다고 하늘 문이 열리는 것이 아니다. 모든 것에는 이론도 있지만, 그에 따른 훈련은 반드시 필요하다.

[파워 통성기도]는 단순한 외침이 아니라, 하나님과의 진정한 교제의 통로이다. 우리는 모두 통성기도를 통해 자신의 한계를 뛰어넘어 하나님의 뜻을 구하고, 그분의 임재를 깊이 경험할 수 있을 것이다. 이제, 통성기도의 참된 의미를 다시금 깨닫고 그 힘을 회복할 때이다.

통성기도는 단순히 소리 높여 외치는 기도가 아니라, 우리의 영혼이 하나님 앞에서 벌거벗듯 솔직해지고, 온 마음을 다해 그분께 나아가는 강력한 도구이다. 많은 이들이 오해하듯 [파워 통성기도]는 감정적 폭발이 아닌, 하나님과의 깊은 교제와 영적 싸움의 현장이다. 그 자리에서 우리는 인간적인 한계를 초월하여 성령의 도우심을 구하고,

그분의 뜻을 붙잡는다.

  우리의 목소리가 높아지는 것은, 그만큼 절박하고 간절한 마음으로 하나님께 나아가고자 하는 표현이다. 이 통성기도를 통해 우리는 하나님께서 주시는 평안과 응답을 경험하며, 내면의 갈등과 싸움을 이겨낼 힘을 얻게 될 것이다. 통성기도가 형식에 그치지 않고, 하나님과의 진정한 만남이 될 때, 그 안에서 우리는 변화되고 회복된다.

  이제, [파워 통성기도]의 본질을 회복해야 할 때이다. [파워 통성기도]가 개인과 교회를 넘어 세상에 어떤 영적 영향력을 미칠 수 있는지 깊이 고민하며, 다시 한번 한국인의 기도인 통성기도의 자리로 나아가길 요청한다. [파워 통성기도]는 우리 신앙의 불씨를 되살리고 한국 교회를 부흥시키는 원동력임을 기억하며, 하나님과의 깊은 교제를 새롭게 시작해 보자.

또 다른 20년 후의 임상 결과를 기대하며

저자 박종신

"264절의 기도말씀은
『하늘 문이 열리는 파워 통성기도』 책과
함께할 때 더욱 효과적입니다."

　　예전에 한 가구업체에서 "침대는 가구가 아닌 과학입니다"라는 광고 문구를 사용한 적이 있습니다. 그 말이 신선하다는 생각이 들기도 했지만, 동시에 가구에 대한 개념에 혼동을 줄 수 있겠다는 생각이 들었습니다.
　　이처럼 우리의 주변에는 성경적 기도의 개념에 혼동을 주는 말들이 많습니다. 기도는 하나님과의 대화이며, 크리스천의 호흡이자 하나님의 뜻을 구하는 행위라고 합니다. 그러나 실제로는 하나님과의 대화라기보다는 개인의 주장에 그치거나, 호흡이라는 표현보다는 습관적인 날갯짓처럼 느껴지는 경우가 많습니다. 또한 하나님의 뜻을 구하기보다는 자기 뜻을 구하는 기도가 더 흔한 것 같습니다.
　　진정으로 성경적 기도로 돌아가기 위해서는 성경을 읽어야 합니다. 성경 속 인물들이 어떻게 기도했는지 살펴보고, 하나님께서 그 기도에 어떻게 응답하셨는지를 알아보아야 합니다. 또한 우리의 주님이신 예수 그리스도의 기도를 깊이 있게 살펴보아야 합니다. 궁극적으로 기도가 무엇인지를 알아야 합니다.

많은 이들이 기도를 이해하고 응답받기 위해 기도에 관한 책을 읽거나, 다른 사람들의 간증에 귀를 기울입니다. 다른 사람들이 어떻게 기도하는지도 살펴보지만, 가장 좋은 방법은 성경적 기도로 돌아가는 것입니다. 성경적 기도란 바로 성경에서 말씀하는 기도를 배우는 것입니다.

5만 번 이상 기도 응답을 받았던 조지 뮬러(George Müller)는 기도의 중요성을 깊이 이해한 인물이었습니다. 그는 기도하기 전에 자신이 구하는 기도가 성경의 말씀과 일치하는지를 확인하기 위해 무려 3일간 기도를 중단하고 성경을 탐구했다고 전해집니다. 그만큼 기도의 응답을 받기 위해선 하나님의 약속인 성경말씀이 절대적입니다.

이를 위해, 저는 여러분의 기도를 돕고자 성경에 기록된 264개의 기도 말씀을 선별했습니다. 이 말씀들은 [하늘 문이 열리는 파워 통성기도]에서 발췌된 내용입니다. 따라서 이 264개의 성경 구절은 해당 책을 먼저 읽어야만 온전히 함께할 수 있습니다. 하늘 문이 열리는 기도의 역사를 기대한다면, 책을 통해 말씀의 배경지식을 쌓아보시기 바랍니다.

이 말씀들은 성경 전체에서 기도의 핵심을 잘 나타내고 있지만, 성경 전체를 포괄하지는 않음을 미리 말씀드립니다. 그럼에도 불구하고, 이 책에 포함된 264절의 말씀은 기도를 가장 잘 설명하는 성경

구절이라고 확신합니다. 따라서 이 책과 함께 기도하시면 하늘 문이 열리는 은혜를 깊이 체험하게 될 것입니다. 또한 이 264절의 말씀을 한 번 읽고 지나치지 말고, 암송하여 마음에 새긴다면 기도 생활이 더욱 풍성해질 것입니다.

264절의 기도말씀을 암송하는 일은 결코 쉽지 않습니다. 그러나 성경암송학교에서 오랜 기간 검증해 온 [말씀선포] 방법을 활용하면, 암송이 훨씬 수월해질 것입니다. [말씀선포]란, 264절의 기도 말씀을 입술로 선포하는 것을 말합니다. 억지로 외우려 하기보다, 질문에 답하는 형식으로 말씀을 선포해 보세요. 이는 '하브루타' 방식으로, 질문을 깊이 생각하고 그에 대한 성경 말씀으로 답변하며 말씀을 마음에 새기는 효과적인 방법입니다.

이렇게 질문하고 답변하는 방식은 하나님의 방법이며(신 6:7), 자연스럽게 말씀을 암송하는 탁월한 방법입니다. 매일 기도하며 기도의 말씀을 선포해 보십시오. 또한, 그 말씀을 붙들고 간절히 기도해 보십시오. 그러면 하늘 문이 열릴 것입니다. 예수님께서도 이렇게 말씀하셨습니다.

> "너희가 내 안에 거하고 내 말이 너희 안에 거하면 무엇이든지 원하는 대로 구하라 그리하면 이루리라" | 요 15:7

우리가 예수님 안에 거한다는 것은 예수님과 깊은 관계를 말씀하신 것이고, 예수님의 말씀이 우리 안에 거한다는 것은 하나님의 말씀을 약속으로 붙들고 기도하라는 것입니다. 그때 우리는 원하는 것을 응답받게 될 것입니다. 기도할 때 본능적으로 기도하지 말고, 말씀을 붙들고 기도할 때 하늘 문이 열리는 놀라운 일들을 체험하게 될 것입니다.

여러분의 기도를 돕기 위해 264절의 말씀을 주일부터 토요일까지 일주일 단위로 나누어 놓았습니다. 매일 40절 미만의 말씀을 선포하도록 요일별로 분류했습니다. 매일 264절의 말씀을 모두 선포하는 것이 이상적이지만, 시간이 오래 걸리고 지칠 수 있으므로, 하루에 약 40절 미만의 말씀을 선포하면서 기도한다면 약 1년 후에는 하늘 문을 여는 264절의 말씀을 암송하게 될 것이라고 확신합니다.

아무쪼록 하늘 문을 여는 264절의 기도말씀이 여러분의 기도 생활에 큰 도움이 되기를 소망하며 기도합니다.

성경암송학교(BRS) 교장 **박종신** 목사

파워 통성기도 기도말씀 사용법

1. 파워 통성기도 기도말씀을 주일부터 토요일까지 날마다 선포하십시오.

2. 파워 통성기도 기도말씀을 선포할 때 질문을 읽고, 그 질문에 대답하는 방식으로 선포하십시오.

3. 개인, 가정예배, 셀모임 또는 교회에서 선포할 때에도 같은 방식으로 진행하되, 인도자가 큰 소리로 질문하면 성도들은 큰 소리로 해당 말씀을 선포하십시오.

4. 기도 말씀을 선포할 때 장,절을 말씀의 앞과 뒤에 붙이고, 말씀선포 후에는 "아멘, 아멘"으로 화답하십시오.

5. 파워 통성기도 기도말씀을 선포하기 전에 선포기도문으로 기도하십시오.

6. 파워 통성기도 기도말씀 264절을 완송한 후에도 지속적으로 선포하십시오.

7. 파워 통성기도 기도말씀을 선포하는 목적은, 말씀으로 기도하며, 하늘 문이 열리는 응답받는 기도, 성경적인 기도를 드리기 위한 훈련임을 기억하십시오.

하늘 문을 여는 기도말씀 264절

日요일

주의 첫날,
하나님께 찬양과 영광을 돌려드리며
감사함으로 말씀을 선포합니다.

———

감사함으로 그의 문에 들어가며 찬송함으로 그의 궁정에 들어가서
그에게 감사하며 그의 이름을 송축할지어다 | 시 100:4

파워 통성기도 기도말씀
선포기도문

하나님 아버지,
우리 주님께서 친히 약속하신 말씀, "너희가 내 안에 거하고 내 말이 너희 안에 거하면 무엇이든지 원하는 대로 구하라 그리하면 이루리라"(요 15:7)를 의지하여 기도말씀을 선포합니다.

먼저, 사탄의 방해를 막아주시고, 말씀으로 승리하게 하옵소서. 우리가 말씀을 선포하고 통성으로 기도할 때 하늘 문이 열리고, 기도의 응답이 이루어지며, 하나님의 음성을 듣게 하시고, 성령의 임재를 체험하게 하시며, 기쁨이 충만하게 하옵소서. 중도에 포기하지 않도록 도와주시고, 선포 중 잡념에 사로잡히지 않도록 지켜주옵소서.

모든 크리스천 가정과 교회, 그리고 이민교회, 특별히 악한 영이 강하게 역사하는 선교지에서 사역하는 선교사님들도 함께 선포하는 가운데 기도가 응답되고, 자녀와 가정이 회복되고, 한국 교회와 선교지에 부흥이 일어나게 하옵소서. 하나님께서 우리의 기도를 들으시고 응답하실 것을 믿으며 예수님의 이름으로 기도합니다. 아멘.

주께서 하신 말씀이 반드시 이루어지리라고 믿은 그 여자에게 복이 있도다 | 눅 1:45

내가 주의 법도들을 작은 소리로 읊조리며 주의 길들에 주의하며
주의 율례들을 즐거워하며 주의 말씀을 잊지 아니하리이다 | 시 119:15~16

01
한국교회의 통성기도

1. 하나님이 듣지 않으시는 가증한 기도는 어떤 기도입니까?

잠언 28:9

사람이 귀를 돌려 율법을 듣지 아니하면 그의 기도도 가증하니라
| 잠 28:9

2. 나의 영은 기도하지만, 마음의 열매를 맺지 못하는 기도는 어떤 기도입니까?

고린도전서 14:14

내가 만일 방언으로 기도하면 나의 영이 기도하거니와 나의 마음은 열매를 맺지 못하리라 | 고전 14:14

3~10. 초대교회 성도들이 통성으로 기도했던 내용은 무엇이며, 응답은 무엇이었습니까?

사도행전 4:24~31

²⁴ 그들이 듣고 한마음으로 하나님께 소리를 높여 이르되 대주재여 천지와 바다와 그 가운데 만물을 지은 이시요 ²⁵ 또 주의 종 우리 조상 다윗의 입을 통하여 성령으로 말씀하시기를 어찌하여 열방이 분노하며 족속들이 허사를 경영하였는고 ²⁶ 세상의 군왕들이 나서며 관리들이 함께 모여 주와 그의 그리스도를 대적하도다 하신 이로소이다 ²⁷ 과연 헤롯과 본디오 빌라도는 이방인과 이스라엘 백성과 합세하여 하나님께서 기름 부으신 거룩한 종 예수를 거슬러 ²⁸ 하나님의 권능과 뜻대로 이루려고 예정하신 그것을 행하려고 이 성에 모였나이다 ²⁹ 주여 이제도 그들의 위협함을 굽어보시옵고 또 종들로 하여금 담대히 하나님의 말씀을 전하게 하여 주시오며 ³⁰ 손을 내밀어 병을 낫게 하시옵고 표적과 기사가 거룩한 종 예수의 이름으로 이루어지게 하옵소서 하더라 ³¹ 빌기를 다하매 모인 곳이 진동하더니 무리가 다 성령이 충만하여 담대히 하나님의 말씀을 전하니라 | 행 4:24~31

11. 골방기도는 어떤 기도입니까?

마태복음 6:6

너는 기도할 때에 네 골방에 들어가 문을 닫고 은밀한 중에 계신 네 아버지께 기도하라 은밀한 중에 보시는 네 아버지께서 갚으시리라
| 마 6:6

12~16. 예수님이 가르쳐 주신 기도는 어떤 기도입니까?

마태복음 6:9~13

9 그러므로 너희는 이렇게 기도하라 하늘에 계신 우리 아버지여 이름이 거룩히 여김을 받으시오며 10 나라가 임하시오며 뜻이 하늘에서 이루어진 것 같이 땅에서도 이루어지이다 11 오늘 우리에게 일용할 양식을 주시옵고 12 우리가 우리에게 죄 지은 자를 사하여 준 것 같이 우리 죄를 사하여 주시옵고 13 우리를 시험에 들게 하지 마시옵고 다만 악에서 구하시옵소서 나라와 권세와 영광이 아버지께 영원히 있사옵나이다 아멘
| 마 6:9~13

17. 예수님이 말씀하신 기도의 약속은 무엇입니까?

요한복음 15:16

너희가 나를 택한 것이 아니요 내가 너희를 택하여 세웠나니 이는 너희로 가서 열매를 맺게 하고 또 너희 열매가 항상 있게 하여 내 이름으로 아버지께 무엇을 구하든지 다 받게 하려 함이라 | 요 15:16

18. 하나님을 사랑하고 간절히 찾아야 하는 이유는 무엇입니까?

잠언 8:17

나를 사랑하는 자들이 나의 사랑을 입으며 나를 간절히 찾는 자가 나를 만날 것이니라 | 잠 8:17

19. 초대교회 성도들은 어떻게 신앙생활을 했습니까?

사도행전 2:42

그들이 사도의 가르침을 받아 서로 교제하고 떡을 떼며 오로지 기도하기를 힘쓰니라 | 행 2:42

20. 귀신이 떠나가고 악령이 깨어지는 역사를 위해 우리가 할 일은 무엇입니까?

마가복음 9:29

이르시되 기도 외에 다른 것으로는 이런 종류가 나갈 수 없느니라 하시니라 | 막 9:29

02
통성기도의 입문

21. 예수님이 문을 두드리는 소리를 듣고 문을 열어야 하는 이유는 무엇입니까?

요한계시록 3:20

볼지어다 내가 문 밖에 서서 두드리노니 누구든지 내 음성을 듣고 문을 열면 내가 그에게로 들어가 그와 더불어 먹고 그는 나와 더불어 먹으리라 | 계 3:20

22. 예수님은 제자들을 위해 어떻게 기도하셨습니까?

요한복음 17:15

내가 비옵는 것은 그들을 세상에서 데려가시기를 위함이 아니요 다만 악에 빠지지 않게 보전하시기를 위함이니이다 | 요 17:15

23~24. 내 생각을 내려놓고 예수님의 명령에 순종할 때 어떤 결과를 얻었습니까?

누가복음 5:5~6

⁵ 시몬이 대답하여 이르되 선생님 우리들이 밤이 새도록 수고하였으되 잡은 것이 없지마는 말씀에 의지하여 내가 그물을 내리리이다 하고 ⁶ 그렇게 하니 고기를 잡은 것이 심히 많아 그물이 찢어지는지라
| 눅 5:5~6

25. 하나님은 어디에 계시며 어디를 향해 기도해야 합니까?

시편 11:4

여호와께서는 그의 성전에 계시고 여호와의 보좌는 하늘에 있음이여 그의 눈이 인생을 통촉하시고 그의 안목이 그들을 감찰하시도다
| 시 11:4

26. 하나님은 어디에 계시며 그곳에서 무엇을 하십니까?

시편 33:13

여호와께서 하늘에서 굽어보사 모든 인생을 살피심이여 | 시 33:13

27. 야곱이 형 에서를 피해 밧단아람으로 도망할 때 벧엘에서 하나님이 계신 하늘과 하늘의 문을 보고 어떻게 고백했습니까?

창세기 28:17

이에 두려워하여 이르되 두렵도다 이 곳이여 이것은 다름 아닌 하나님의 집이요 이는 하늘의 문이로다 하고 | 창 28:17

28. 하나님께서 십일조를 명령하시면서, 십일조를 드릴 때 어떤 역사가 일어난다고 하셨습니까?

말라기 3:10

만군의 여호와가 이르노라 너희의 온전한 십일조를 창고에 들여 나의 집에 양식이 있게 하고 그것으로 나를 시험하여 내가 하늘 문을 열고 너희에게 복을 쌓을 곳이 없도록 붓지 아니하나 보라 | 말 3:10

29. 온갖 좋은 은사와 온전한 선물이 어디로부터 내려옵니까?

야고보서 1:17

온갖 좋은 은사와 온전한 선물이 다 위로부터 빛들의 아버지께로부터 내려오나니 그는 변함도 없으시고 회전하는 그림자도 없으시니라 | 약 1:17

30. 예수님이 세례(침례)을 받고 기도하실 때 어떤 일이 일어났습니까?

누가복음 3:21

백성이 다 세례를 받을새 예수도 세례를 받으시고 기도하실 때에 하늘이 열리며 | 눅 3:21

31~32. 스데반이 순교하는 순간, 하늘을 우러러 주목하여 볼 때 예수님은 어디에 계셨으며 어떻게 하셨습니까?

사도행전 7:55~56

55 스데반이 성령 충만하여 하늘을 우러러 주목하여 하나님의 영광과 및 예수께서 하나님 우편에 서신 것을 보고 56 말하되 보라 하늘이 열리고 인자가 하나님 우편에 서신 것을 보노라 한대 | 행 7:55~56

33~35. 베드로가 기도하려고 지붕에 올라갔을 때, 어떤 현상을 보았습니까?

사도행전 10:9~11

9 이튿날 그들이 길을 가다가 그 성에 가까이 갔을 그 때에 베드로가 기도하려고 지붕에 올라가니 그 시각은 제 육 시더라 10 그가 시장하여 먹

고자 하매 사람들이 준비할 때에 황홀한 중에 [11] 하늘이 열리며 한 그릇이 내려오는 것을 보니 큰 보자기 같고 네 귀를 매어 땅에 드리웠더라 | 행 10:9~11

---

36. 기도할 때 우리가 명심해야 할 것은 무엇입니까?

누가복음 18:1

예수께서 그들에게 항상 기도하고 낙심하지 말아야 할 것을 비유로 말씀하여 | 눅 18:1

하늘 문을 여는 기도말씀 264절

月요일

둥근 보름달이 밤을 밝히듯,
하나님의 말씀으로 캄캄한 어둠을
밝히길 소망하며 말씀을 선포합니다.

———

주의 말씀은 내 발에 등이요 내 길에 빛이니이다 | 시 119:105

파워 통성기도 기도말씀

선포기도문

하나님 아버지,
우리 주님께서 친히 약속하신 말씀, "너희가 내 안에 거하고 내 말이 너희 안에 거하면 무엇이든지 원하는 대로 구하라 그리하면 이루리라"(요 15:7)를 의지하여 기도말씀을 선포합니다.

먼저, 사탄의 방해를 막아주시고, 말씀으로 승리하게 하옵소서. 우리가 말씀을 선포하고 통성으로 기도할 때 하늘 문이 열리고, 기도의 응답이 이루어지며, 하나님의 음성을 듣게 하시고, 성령의 임재를 체험하게 하시며, 기쁨이 충만하게 하옵소서. 중도에 포기하지 않도록 도와주시고, 선포 중 잡념에 사로잡히지 않도록 지켜주옵소서.

모든 크리스천 가정과 교회, 그리고 이민교회, 특별히 악한 영이 강하게 역사하는 선교지에서 사역하는 선교사님들도 함께 선포하는 가운데 기도가 응답되고, 자녀와 가정이 회복되고, 한국교회와 선교지에 부흥이 일어나게 하옵소서. 하나님께서 우리의 기도를 들으시고 응답하실 것을 믿으며 예수님의 이름으로 기도합니다. 아멘.

주께서 하신 말씀이 반드시 이루어지리라고 믿은 그 여자에게 복이 있도다 | 눅 1:45

내가 주의 법도들을 작은 소리로 읊조리며 주의 길들에 주의하며
주의 율례들을 즐거워하며 주의 말씀을 잊지 아니하리이다 | 시 119:15~16

37. 기도할 때, 우리가 먼저 구해야 할 것은 무엇입니까?

마태복음 6:33

그런즉 너희는 먼저 그의 나라와 그의 의를 구하라 그리하면 이 모든 것을 너희에게 더하시리라 | 마 6:33

38. 이스라엘이 패역하였을 때, 하나님은 그들의 기도를 어떻게 대하셨습니까?

이사야 1:15

너희가 손을 펼 때에 내가 내 눈을 너희에게서 가리고 너희가 많이 기도할지라도 내가 듣지 아니하리니 이는 너희의 손에 피가 가득함이라 | 사 1:15

39~40. 우리의 기도를 방해하는 세력은 누구입니까?

에베소서 6:11~12

11 마귀의 간계를 능히 대적하기 위하여 하나님의 전신 갑주를 입으라 12 우리의 씨름은 혈과 육을 상대하는 것이 아니요 통치자들과 권세들과 이 어둠의 세상 주관자들과 하늘에 있는 악의 영들을 상대함이라 | 엡 6:11~12

41. 우리의 기도를 방해하는 것은 무엇입니까?

갈라디아서 5:17

육체의 소욕은 성령을 거스르고 성령은 육체를 거스르나니 이 둘이 서로 대적함으로 너희가 원하는 것을 하지 못하게 하려 함이니라
| 갈 5:17

42. 기도에 승리하기 위해 그리스도 예수의 사람들이 결단해야 할 것은 무엇입니까?

갈라디아서 5:24

그리스도 예수의 사람들은 육체와 함께 그 정욕과 탐심을 십자가에 못 박았느니라 | 갈 5:24

43. 육적 성품, 즉 육신의 생각이 기도를 방해하는 방법은 무엇입니까?

로마서 8:7

육신의 생각은 하나님과 원수가 되나니 이는 하나님의 법에 굴복하지 아니할 뿐 아니라 할 수도 없음이라 | 롬 8:7

44. 기도를 방해하는 육신의 생각을 어떻게 이길 수 있습니까?

마가복음 14:38

시험에 들지 않게 깨어 있어 기도하라 마음에는 원이로되 육신이 약하도다 하시고 | 막 14:38

45~47. 경건 생활에 승리하는 방법은 무엇입니까?

디모데전서 4:7~9

7 망령되고 허탄한 신화를 버리고 경건에 이르도록 네 자신을 연단하라 8 육체의 연단은 약간의 유익이 있으나 경건은 범사에 유익하니 금생과 내생에 약속이 있느니라 9 미쁘다 이 말이여 모든 사람들이 받을 만하도다 | 딤전 4:7~9

48. 어릴 때부터 통성기도를 가르쳐야 하는 이유는 무엇입니까?

잠언 22:6

마땅히 행할 길을 아이에게 가르치라 그리하면 늙어도 그것을 떠나지 아니하리라 | 잠 22:6

49~50. 평탄하게 되며 형통하려면 어떻게 기도해야 합니까?

여호수아 1:7~8

⁷ 오직 강하고 극히 담대하여 나의 종 모세가 네게 명령한 그 율법을 다 지켜 행하고 우로나 좌로나 치우치지 말라 그리하면 어디로 가든지 형통하리니 ⁸ 이 율법책을 네 입에서 떠나지 말게 하며 주야로 그것을 묵상하여 그 안에 기록된 대로 다 지켜 행하라 그리하면 네 길이 평탄하게 될 것이며 네가 형통하리라 | 수 1:7~8

51. 복 있는 사람이 되려면 어떻게 기도해야 합니까?

시편 1:2

오직 여호와의 율법을 즐거워하여 그의 율법을 주야로 묵상하는도다 | 시 1:2

52. 우리가 기도할 때마다 기억해야 할 말씀은 무엇입니까?

요한복음 15:7

너희가 내 안에 거하고 내 말이 너희 안에 거하면 무엇이든지 원하는 대로 구하라 그리하면 이루리라 | 요 15:7

53~54. 믿음을 강화하는 방법은 무엇입니까?

로마서 10:16~17

¹⁶ 그러나 그들이 다 복음을 순종하지 아니하였도다 이사야가 이르되 주여 우리가 전한 것을 누가 믿었나이까 하였으니 ¹⁷ 그러므로 믿음은 들음에서 나며 들음은 그리스도의 말씀으로 말미암았느니라

| 롬 10:16~17

55. 기도를 훼방하는 마귀를 대적하는 방법은 무엇입니까?

야고보서 4:7

그런즉 너희는 하나님께 복종할지어다 마귀를 대적하라 그리하면 너희를 피하리라 | 약 4:7

56~57. 기도를 훼방하는 마귀를 대적하는 방법은 무엇입니까?

베드로전서 5:8~9

⁸ 근신하라 깨어라 너희 대적 마귀가 우는 사자 같이 두루 다니며 삼킬 자를 찾나니 ⁹ 너희는 믿음을 굳건하게 하여 그를 대적하라 이는 세상에 있는 너희 형제들도 동일한 고난을 당하는 줄을 앎이라

| 벧전 5:8~9

58. 기도를 훼방하는 마귀를 대적하는 방법은 무엇입니까?

에베소서 6:11

마귀의 간계를 능히 대적하기 위하여 하나님의 전신 갑주를 입으라 | 엡 6:11

59. 예수님을 시험하던 마귀를 대적하신 첫 번째 말씀은 무엇입니까?

마태복음 4:4

예수께서 대답하여 이르시되 기록되었으되 사람이 떡으로만 살 것이 아니요 하나님의 입으로부터 나오는 모든 말씀으로 살 것이라 하였느니라 하시니 | 마 4:4

60. 예수님을 시험하던 마귀를 대적하신 두 번째 말씀은 무엇입니까?

마태복음 4:7

예수께서 이르시되 또 기록되었으되 주 너의 하나님을 시험하지 말라 하였느니라 하시니 | 마 4:7

61. 예수님을 시험하던 마귀를 대적하신 세 번째 말씀은 무엇입니까?

마태복음 4:10

이에 예수께서 말씀하시되 사탄아 물러가라 기록되었으되 주 너의 하나님께 경배하고 다만 그를 섬기라 하였느니라 | 마 4:10

62-63. 기도를 온전하게 하고 능력을 덧입게 하는 방법은 무엇입니까?

히브리서 4:12~13

12 하나님의 말씀은 살아 있고 활력이 있어 좌우에 날선 어떤 검보다도 예리하여 혼과 영과 및 관절과 골수를 찔러 쪼개기까지 하며 또 마음의 생각과 뜻을 판단하나니 13 지으신 것이 하나도 그 앞에 나타나지 않음이 없고 우리의 결산을 받으실 이의 눈 앞에 만물이 벌거벗은 것 같이 드러나느니라 | 히 4:12~13

64. 왜 하나님의 약속에 근거한 기도를 해야 합니까?

열왕기상 18:1

많은 날이 지나고 제삼년에 여호와의 말씀이 엘리야에게 임하여 이르시되 너는 가서 아합에게 보이라 내가 비를 지면에 내리리라 | 왕상 18:1

65~66. 기도가 응답받지 못하는 이유는 무엇입니까?

야고보서 4:2~3

² 너희는 욕심을 내어도 얻지 못하여 살인하며 시기하여도 능히 취하지 못하므로 다투고 싸우는도다 너희가 얻지 못함은 구하지 아니하기 때문이요 ³ 구하여도 받지 못함은 정욕으로 쓰려고 잘못 구하기 때문이라 | 약 4:2~3

67. 어떻게 기도하고, 어떤 자세로 기도해야 합니까?

에베소서 6:18

모든 기도와 간구를 하되 항상 성령 안에서 기도하고 이를 위하여 깨어 구하기를 항상 힘쓰며 여러 성도를 위하여 구하라 | 엡 6:18

68. 합심 기도의 능력은 무엇입니까?

마태복음 18:19

진실로 다시 너희에게 이르노니 너희 중의 두 사람이 땅에서 합심하여 무엇이든지 구하면 하늘에 계신 내 아버지께서 그들을 위하여 이루게 하시리라 | 마 18:19

69. 기도할 때 기대하는 마음을 가져야 하는 이유는 무엇입니까?

마태복음 13:58

그들이 믿지 않음으로 말미암아 거기서 많은 능력을 행하지 아니하시니라 | 마 13:58

70. 기도하고 받은 줄로 믿어야 하는 이유는 무엇입니까?

마가복음 11:24

그러므로 내가 너희에게 말하노니 무엇이든지 기도하고 구하는 것은 받은 줄로 믿으라 그리하면 너희에게 그대로 되리라 | 막 11:24

71. 모세는 어떤 상황에서 부르짖는 통성기도를 했습니까?

민수기 12:13

모세가 여호와께 부르짖어 이르되 하나님이여 원하건대 그를 고쳐 주옵소서 | 민 12:13

72~73. 하나님은 부르짖어 통성으로 기도하면 어떻게 하신다고 하셨습니까?

예레미야 29:12~13

¹² 너희가 내게 부르짖으며 내게 와서 기도하면 내가 너희들의 기도를 들을 것이요 ¹³ 너희가 온 마음으로 나를 구하면 나를 찾을 것이요 나를 만나리라 | 렘 29:12~13

74~75. 부르짖어 통성으로 기도하면 하나님은 어떻게 응답하신다고 하셨습니까?

예레미야 33:2~3

² 일을 행하시는 여호와, 그것을 만들며 성취하시는 여호와, 그의 이름을 여호와라 하는 이가 이와 같이 이르시도다 ³ 너는 내게 부르짖으라 내가 네게 응답하겠고 네가 알지 못하는 크고 은밀한 일을 네게 보이리라 | 렘 33:2~3

76. 예수님은 밤낮으로 부르짖는 간구기도에 대해 어떻게 말씀하셨습니까?

누가복음 18:7

하물며 하나님께서 밤낮으로 간구하는 그의 백성에게 공정한 판결을 해주시지 않겠느냐 | 눅 18:7

하늘 문을 여는 기도말씀 264절

불처럼 뜨겁고 간절한 마음을 담아
말씀을 선포합니다.

―――

마치 불의 혀처럼 갈라지는 것들이 그들에게 보여 각 사람 위에 하나씩 임하여
있더니 그들이 다 성령의 충만함을 받고 성령이 말하게 하심을 따라
다른 언어들로 말하기를 시작하니라 | 행 2:3~4

파워 통성기도 기도말씀
선포기도문

하나님 아버지,
우리 주님께서 친히 약속하신 말씀, "너희가 내 안에 거하고 내 말이 너희 안에 거하면 무엇이든지 원하는 대로 구하라 그리하면 이루리라"(요 15:7)를 의지하여 기도말씀을 선포합니다.

먼저, 사탄의 방해를 막아주시고, 말씀으로 승리하게 하옵소서. 우리가 말씀을 선포하고 통성으로 기도할 때 하늘 문이 열리고, 기도의 응답이 이루어지며, 하나님의 음성을 듣게 하시고, 성령의 임재를 체험하게 하시며, 기쁨이 충만하게 하옵소서. 중도에 포기하지 않도록 도와주시고, 선포 중 잡념에 사로잡히지 않도록 지켜 주옵소서.

모든 크리스천 가정과 교회, 그리고 이민교회, 특별히 악한 영이 강하게 역사하는 선교지에서 사역하는 선교사님들도 함께 선포하는 가운데 기도가 응답되고, 자녀와 가정이 회복되고, 한국교회와 선교지에 부흥이 일어나게 하옵소서. 하나님께서 우리의 기도를 들으시고 응답하실 것을 믿으며 예수님의 이름으로 기도합니다. 아멘.

주께서 하신 말씀이 반드시 이루어지리라고 믿은 그 여자에게 복이 있도다 | 눅 1:45

내가 주의 법도들을 작은 소리로 읊조리며 주의 길들에 주의하며
주의 율례들을 즐거워하며 주의 말씀을 잊지 아니하리이다 | 시 119:15~16

03
통성기도의 실제

77. 기도하기를 쉬는 것도 죄입니까?

사무엘상 12:23

나는 너희를 위하여 기도하기를 쉬는 죄를 여호와 앞에 결단코 범하지 아니하고 선하고 의로운 길을 너희에게 가르칠 것인즉 | 삼상 12:23

78~81. 기도 중에 하나님을 찬양해야 하는 이유는 무엇입니까?

요한계시록 5:11~14

11 내가 또 보고 들으매 보좌와 생물들과 장로들을 둘러 선 많은 천사의 음성이 있으니 그 수가 만만이요 천천이라 12 큰 음성으로 이르되 죽임을 당하신 어린 양은 능력과 부와 지혜와 힘과 존귀와 영광과 찬송을 받으시기에 합당하도다 하더라 13 내가 또 들으니 하늘 위에와 땅 위에와 땅 아래와 바다 위에와 또 그 가운데 모든 피조물이 이르되 보좌에 앉으신 이와 어린 양에게 찬송과 존귀와 영광과 권능을 세세토록 돌릴

지어다 하니 ¹⁴ 네 생물이 이르되 아멘 하고 장로들은 엎드려 경배하더라 | 계 5:11~14

82. 기도 중에 가져야 할 마음은 무엇입니까?

에베소서 5:19

시와 찬송과 신령한 노래들로 서로 화답하며 너희의 마음으로 주께 노래하며 찬송하며 | 엡 5:19

83~84. 하나님 앞으로 나아갈 때 가장 먼저 해야 할 행위는 무엇입니까?

시편 66:3~4

³ 하나님께 아뢰기를 주의 일이 어찌 그리 엄위하신지요 주의 큰 권능으로 말미암아 주의 원수가 주께 복종할 것이며 ⁴ 온 땅이 주께 경배하고 주를 노래하며 주의 이름을 노래하리이다 할지어다(셀라)
| 시 66:3~4

85. 헤아릴 수 없을 정도로 우리를 사랑하시는 하나님 앞에 우리가 고백해야 할 말은 무엇입니까?

시편 139:14

내가 주께 감사하옴은 나를 지으심이 심히 기묘하심이라 주께서 하시는 일이 기이함을 내 영혼이 잘 아나이다 | 시 139:14

86. 능하시고 지극히 위대하신 하나님 앞에 우리가 고백해야 할 말은 무엇입니까?

시편 150:2

그의 능하신 행동을 찬양하며 그의 지극히 위대하심을 따라 찬양할지어다 | 시 150:2

87. 의로우신 하나님 앞에 우리가 고백해야 할 말은 무엇입니까?

예레미야 20:13

여호와께 노래하라 너희는 여호와를 찬양하라 가난한 자의 생명을 행악자의 손에서 구원하셨음이니라 | 렘 20:13

참조: 하나님을 찬양하는 성경말씀

시편 47:6~7, 63:3, 66:2~4, 68:4, 71:21~22절, 89:5, 92:1, 96:4, 101:1,

105:2, 113:3, 119:164, 126:2, 135:3, 145:3, 147:1~12, 150:2. 시편 8, 19, 23편, 46편, 95편, 100편, 148편

88~89. 기도 시간에 반드시 죄의 고백을 해야 하는 이유는 무엇입니까?

요한일서 1:9~10

⁹ 만일 우리가 우리 죄를 자백하면 그는 미쁘시고 의로우사 우리 죄를 사하시며 우리를 모든 불의에서 깨끗하게 하실 것이요 ¹⁰ 만일 우리가 범죄하지 아니하였다 하면 하나님을 거짓말하는 이로 만드는 것이니 또한 그의 말씀이 우리 속에 있지 아니하니라 | 요일 1:9~10

90. 허물과 죄가 기도에 미치는 영향은 무엇입니까?

예레미야 5:25

너희 허물이 이러한 일들을 물리쳤고 너희 죄가 너희로부터 좋은 것을 막았느니라 | 렘 5:25

91~92. 고난과 조롱 속에서 욥은 하늘의 하나님을 어떻게 신뢰했습니까?

욥기 16:19~20

¹⁹ 지금 나의 증인이 하늘에 계시고 나의 중보자가 높은 데 계시니라 ²⁰ 나의 친구는 나를 조롱하고 내 눈은 하나님을 향하여 눈물을 흘리니 | 욥 16:19~20

93. 성경은 하나님 앞에서 흘리는 눈물을 어떻게 표현합니까?

이사야 16:9

그러므로 내가 야셀의 울음처럼 십마의 포도나무를 위하여 울리라 헤스본이여, 엘르알레여, 내 눈물로 너를 적시리니 너의 여름 실과, 네 농작물에 즐거운 소리가 그쳤음이라 | 사 16:9

94. 성경은 하나님 앞에서 흘리는 눈물을 어떻게 말씀합니까?

예레미야 9:1

어찌하면 내 머리는 물이 되고 내 눈은 눈물 근원이 될꼬 죽임을 당한 딸 내 백성을 위하여 주야로 울리로다 | 렘 9:1

95. 다윗은 원인을 알지 못하는 고난이 왔을 때 어떻게 했습니까?

시편 6:6

내가 탄식함으로 피곤하여 밤마다 눈물로 내 침상을 띄우며 내 요를 적시나이다 | 시 6:6

96. 다윗은 자신을 죽이려는 사울 왕으로 인해 고난을 받을 때 어떻게 했습니까?

시편 56:8

나의 유리함을 주께서 계수하셨사오니 나의 눈물을 주의 병에 담으소서 이것이 주의 책에 기록되지 아니하였나이까 | 시 56:8

97. 다윗은 고난과 비난으로 고통을 당할 때 어떻게 고백했습니까?

시편 42:3

사람들이 종일 내게 하는 말이 네 하나님이 어디 있느뇨 하오니 내 눈물이 주야로 내 음식이 되었도다 | 시 42:3

98. 예수님이 예루살렘을 향해 애통하신 내용은 무엇입니까?

마태복음 23:37

예루살렘아 예루살렘아 선지자들을 죽이고 네게 파송된 자들을 돌로 치는 자여 암탉이 그 새끼를 날개 아래에 모음 같이 내가 네 자녀를 모으려 한 일이 몇 번이더냐 그러나 너희가 원하지 아니하였도다
| 마 23:37

99. 사도 바울은 어떤 자세로 사역에 임했습니까?

사도행전 20:31

그러므로 여러분이 일깨어 내가 삼 년이나 밤낮 쉬지 않고 눈물로 각 사람을 훈계하던 것을 기억하라 | 행 20:31

100. 우리 크리스천들이 자신의 악한 길을 떠나고 겸손하게 기도하여 하나님을 찾을 때 어떤 응답이 주어집니까?

역대하 7:14

내 이름으로 일컫는 내 백성이 그들의 악한 길에서 떠나 스스로 낮추고 기도하여 내 얼굴을 찾으면 내가 하늘에서 듣고 그들의 죄를 사하고 그들의 땅을 고칠지라 | 대하 7:14

101. 고난과 위기 앞에서 우리는 어떻게 해야 합니까?

시편 62:8

백성들아 시시로 그를 의지하고 그의 앞에 마음을 토하라 하나님은 우리의 피난처시로다 | 시 62:8

102~106. 하나님의 장막과 성산에 머물 자격이 있는 사람은 누구입니까?

시편 15:1~5

1 여호와여 주의 장막에 머무를 자 누구오며 주의 성산에 사는 자 누구오니이까 2 정직하게 행하며 공의를 실천하며 그의 마음에 진실을 말하며 3 그의 혀로 남을 허물하지 아니하고 그의 이웃에게 악을 행하지 아니하며 그의 이웃을 비방하지 아니하며 4 그의 눈은 망령된 자를 멸시하며 여호와를 두려워하는 자들을 존대하며 그의 마음에 서원한 것은 해로울지라도 변하지 아니하며 5 이자를 받으려고 돈을 꾸어 주지 아니하며 뇌물을 받고 무죄한 자를 해하지 아니하는 자이니 이런 일을 행하는 자는 영원히 흔들리지 아니하리이다 | 시 15:1~5

107~111. 바리새인과 세리의 기도의 차이는 무엇입니까?

누가복음 18:10~14

10 두 사람이 기도하러 성전에 올라가니 하나는 바리새인이요 하나는

세리라 ¹¹ 바리새인은 서서 따로 기도하여 이르되 하나님이여 나는 다른 사람들 곧 토색, 불의, 간음을 하는 자들과 같지 아니하고 이 세리와도 같지 아니함을 감사하나이다 ¹² 나는 이레에 두 번씩 금식하고 또 소득의 십일조를 드리나이다 하고 ¹³ 세리는 멀리 서서 감히 눈을 들어 하늘을 쳐다보지도 못하고 다만 가슴을 치며 이르되 하나님이여 불쌍히 여기소서 나는 죄인이로소이다 하였느니라 ¹⁴ 내가 너희에게 이르노니 이에 저 바리새인이 아니고 이 사람이 의롭다 하심을 받고 그의 집으로 내려갔느니라 무릇 자기를 높이는 자는 낮아지고 자기를 낮추는 자는 높아지리라 하시니라 | 눅 18:10~14

112. 하나님 앞에 나아갈 때 어떤 은총을 입게 됩니까?

이사야 1:18

여호와께서 말씀하시되 오라 우리가 서로 변론하자 너희의 죄가 주홍 같을지라도 눈과 같이 희어질 것이요 진홍 같이 붉을지라도 양털 같이 희게 되리라 | 사 1:18

113. 우리가 우리 죄를 자백할 때 어떤 은총을 입게 됩니까?

요한일서 1:9

만일 우리가 우리 죄를 자백하면 그는 미쁘시고 의로우사 우리 죄를 사하시며 우리를 모든 불의에서 깨끗하게 하실 것이요 | 요일 1:9

114. 하나님 앞에서 죄를 자복하고 아뢰었을 때 어떤 은총을 입게 됩니까?

시편 32:5

내가 이르기를 내 허물을 여호와께 자복하리라 하고 주께 내 죄를 아뢰고 내 죄악을 숨기지 아니하였더니 곧 주께서 내 죄악을 사하셨나이다 (셀라) | 시 32:5

115. 하나님이 원하시는 제사는 무엇입니까?

시편 51:17

하나님께서 구하시는 제사는 상한 심령이라 하나님이여 상하고 통회하는 마음을 주께서 멸시하지 아니하시리이다 | 시 51:17

하늘 문을 여는 기도말씀 264절

水요일

생명의 샘에서 흘러나오는 생수처럼
정결한 마음으로 말씀을 선포합니다.

———

나를 믿는 자는 성경에 이름과 같이
그 배에서 생수의 강이 흘러나오리라 하시니 | 요 7:38

파워 통성기도 기도말씀
선포기도문

하나님 아버지,
우리 주님께서 친히 약속하신 말씀, "너희가 내 안에 거하고 내 말이 너희 안에 거하면 무엇이든지 원하는 대로 구하라 그리하면 이루리라"(요 15:7)를 의지하여 기도말씀을 선포합니다.

먼저, 사탄의 방해를 막아주시고, 말씀으로 승리하게 하옵소서. 우리가 말씀을 선포하고 통성으로 기도할 때 하늘 문이 열리고, 기도의 응답이 이루어지며, 하나님의 음성을 듣게 하시고, 성령의 임재를 체험하게 하시며, 기쁨이 충만하게 하옵소서. 중도에 포기하지 않도록 도와주시고, 선포 중 잡념에 사로잡히지 않도록 지켜주옵소서.

모든 크리스천 가정과 교회, 그리고 이민교회, 특별히 악한 영이 강하게 역사하는 선교지에서 사역하는 선교사님들도 함께 선포하는 가운데 기도가 응답되고, 자녀와 가정이 회복되고, 한국교회와 선교지에 부흥이 일어나게 하옵소서. 하나님께서 우리의 기도를 들으시고 응답하실 것을 믿으며 예수님의 이름으로 기도합니다. 아멘.

주께서 하신 말씀이 반드시 이루어지리라고 믿은 그 여자에게 복이 있도다 | 눅 1:45

내가 주의 법도들을 작은 소리로 읊조리며 주의 길들에 주의하며
주의 율례들을 즐거워하며 주의 말씀을 잊지 아니하리이다 | 시 119:15~16

116. 하나님은 충심으로 통회하는 자에게 어떤 은혜를 주십니까?

시편 34:18

여호와는 마음이 상한 자를 가까이 하시고 충심으로 통회하는 자를 구원하시는도다 | 시 34:18

117. 우리가 하나님께 나아가기 위해 필요한 마음의 자세는 무엇입니까?

히브리서 10:22

우리가 마음에 뿌림을 받아 악한 양심으로부터 벗어나고 몸은 맑은 물로 씻음을 받았으니 참 마음과 온전한 믿음으로 하나님께 나아가자 | 히 10:22

118. 하나님이 그의 백성을 위로하신다는 믿음은 우리의 일상생활에 어떻게 적용될 수 있습니까?

이사야 49:13

하늘이여 노래하라 땅이여 기뻐하라 산들이여 즐거이 노래하라 여호와께서 그의 백성을 위로하셨은즉 그의 고난 당한 자를 긍휼히 여기실 것임이 | 사 49:13

119~120. 하나님은 어떤 상황에서 우리를 위로하십니까?

고린도후서 1:3~4

³ 찬송하리로다 그는 우리 주 예수 그리스도의 하나님이시요 자비의 아버지시요 모든 위로의 하나님이시며 ⁴ 우리의 모든 환난 중에서 우리를 위로하사 우리로 하여금 하나님께 받는 위로로써 모든 환난 중에 있는 자들을 능히 위로하게 하시는 이시로다 | 고후 1:3~4

121. 진정한 회개와 영접으로 우리는 어떤 상태가 되었습니까?

고린도후서 5:17

그런즉 누구든지 그리스도 안에 있으면 새로운 피조물이라 이전 것은 지나갔으니 보라 새 것이 되었도다 | 고후 5:17

122. 하나님의 쓰임에 합당하고 준비함이 되기 위해선 어떻게 해야 합니까?

디모데후서 2:21

그러므로 누구든지 이런 것에서 자기를 깨끗하게 하면 귀히 쓰는 그릇이 되어 거룩하고 주인의 쓰심에 합당하며 모든 선한 일에 준비함이 되리라 | 딤후 2:21

123. 우리를 속량하신 이유는 무엇입니까?

디도서 2:14

그가 우리를 대신하여 자신을 주심은 모든 불법에서 우리를 속량하시고 우리를 깨끗하게 하사 선한 일을 열심히 하는 자기 백성이 되게 하려 하심이라 | 딛 2:14

124. 하나님이 주신 은혜에 대해 우리는 어떻게 표현해야 합니까?

고린도후서 9:15

말할 수 없는 그의 은사로 말미암아 하나님께 감사하노라 | 고후 9:15

125. 우리를 향한 하나님의 뜻은 무엇입니까?

데살로니가전서 5:18

범사에 감사하라 이것이 그리스도 예수 안에서 너희를 향하신 하나님의 뜻이니라 | 살전 5:18

126. 우리를 향한 하나님의 뜻은 무엇입니까?

시편 103:2

내 영혼아 여호와를 송축하며 그의 모든 은택을 잊지 말지어다

| 시 103:2

127~134. 열 명의 나병환자 가운데 몇 명이 감사했으며, 나머지 나병환자에 대해 예수님은 뭐라고 하셨습니까?

누가복음 17:12~18

12 한 마을에 들어가시니 나병환자 열 명이 예수를 만나 멀리 서서 13 소리를 높여 이르되 예수 선생님이여 우리를 불쌍히 여기소서 하거늘 14 보시고 이르시되 가서 제사장들에게 너희 몸을 보이라 하셨더니 그들이 가다가 깨끗함을 받은지라 15 그 중의 한 사람이 자기가 나은 것을 보고 큰 소리로 하나님께 영광을 돌리며 돌아와 16 예수의 발 아래에 엎드리어 감사하니 그는 사마리아 사람이라 17 예수께서 대답하여 이르시되 열 사람이 다 깨끗함을 받지 아니하였느냐 그 아홉은 어디 있느냐 18 이 이방인 외에는 하나님께 영광을 돌리러 돌아온 자가 없느냐 하시고 19 그에게 이르시되 일어나 가라 네 믿음이 너를 구원하였느니라 하시더라 | 눅 17:12~18

135~136. 왜 감사해야 합니까?

시편 136:1,26

¹ 여호와께 감사하라 그는 선하시며 그 인자하심이 영원함이로다
²⁶ 하늘의 하나님께 감사하라 그 인자하심이 영원함이로다
| 시 136:1,26

137~142. 아말렉과 이스라엘의 싸움에서, 모세의 역할은 무엇이고, 아론과 훌의 역할은 무엇입니까?

출애굽기 17:8~13

⁸ 그 때에 아말렉이 와서 이스라엘과 르비딤에서 싸우니라 ⁹ 모세가 여호수아에게 이르되 우리를 위하여 사람들을 택하여 나가서 아말렉과 싸우라 내일 내가 하나님의 지팡이를 손에 잡고 산 꼭대기에 서리라 ¹⁰ 여호수아가 모세의 말대로 행하여 아말렉과 싸우고 모세와 아론과 훌은 산 꼭대기에 올라가서 ¹¹ 모세가 손을 들면 이스라엘이 이기고 손을 내리면 아말렉이 이기더니 ¹² 모세의 팔이 피곤하매 그들이 돌을 가져다가 모세의 아래에 놓아 그가 그 위에 앉게 하고 아론과 훌이 한 사람은 이쪽에서, 한 사람은 저쪽에서 모세의 손을 붙들어 올렸더니 그 손이 해가 지도록 내려오지 아니한지라 ¹³ 여호수아가 칼날로 아말렉과 그 백성을 쳐서 무찌르니라 | 출 17:8~13

143~146. 이스라엘이 금송아지를 만들어 하나님이 진노하셨을 때 모세는 어떻게 중보기도를 했습니까?

출애굽기 32:11~14

11 모세가 그의 하나님 여호와께 구하여 이르되 여호와여 어찌하여 그 큰 권능과 강한 손으로 애굽 땅에서 인도하여 내신 주의 백성에게 진노하시나이까 12 어찌하여 애굽 사람들이 이르기를 여호와가 자기의 백성을 산에서 죽이고 지면에서 진멸하려는 악한 의도로 인도해 내었다고 말하게 하시려 하나이까 주의 맹렬한 노를 그치시고 뜻을 돌이키사 주의 백성에게 이 화를 내리지 마옵소서 13 주의 종 아브라함과 이삭과 이스라엘을 기억하소서 주께서 그들을 위하여 주를 가리켜 맹세하여 이르시기를 내가 너희의 자손을 하늘의 별처럼 많게 하고 내가 허락한 이 온 땅을 너희의 자손에게 주어 영원한 기업이 되게 하리라 하셨나이다 14 여호와께서 뜻을 돌이키사 말씀하신 화를 그 백성에게 내리지 아니하시니라 | 출 32:11~14

147. 담임목사를 비롯한 목회자를 위해 기도해야 하는 이유는 무엇입니까?

히브리서 13:17

너희를 인도하는 자들에게 순종하고 복종하라 그들은 너희 영혼을 위

하여 경성하기를 자신들이 청산할 자인 것 같이 하느니라 그들로 하여금 즐거움으로 이것을 하게 하고 근심으로 하게 하지 말라 그렇지 않으면 너희에게 유익이 없느니라 | 히 13:17

148. 사도 바울이 고린도 교인들에게 기도를 요청하는 이유는 무엇입니까?

고린도후서 1:11

너희도 우리를 위하여 간구함으로 도우라 이는 우리가 많은 사람의 기도로 얻은 은사로 말미암아 많은 사람이 우리를 위하여 감사하게 하려 함이라 | 고후 1:11

149~151. 사도 바울이 기도를 계속하고 감사함으로 깨어 있으라는 말씀과 전도할 문을 열어 달라고 기도를 요청하는 이유는 무엇입니까?

골로새서 4:2~4

2 기도를 계속하고 기도에 감사함으로 깨어 있으라 3 또한 우리를 위하여 기도하되 하나님이 전도할 문을 우리에게 열어 주사 그리스도의 비밀을 말하게 하시기를 구하라 내가 이 일 때문에 매임을 당하였노라 4 그리하면 내가 마땅히 할 말로써 이 비밀을 나타내리라 | 골 4:2~4

152. 질병이나 귀신 들린 사람들의 치유를 위해 기도하는 이유는 무엇입니까?

마태복음 8:16

저물매 사람들이 귀신 들린 자를 많이 데리고 예수께 오거늘 예수께서 말씀으로 귀신들을 쫓아 내시고 병든 자들을 다 고치시니 | 마 8:16

하늘 문을 여는 기도말씀 264절

시냇가에 심은 나무처럼
풍성한 열매와 형통함이 이루어지길 소망하며
말씀을 선포합니다.

———

그는 시냇가에 심은 나무가 철을 따라 열매를 맺으며 그 잎사귀가
마르지 아니함 같으니 그가 하는 모든 일이 다 형통하리로다 | 시 1:3

파워 통성기도 기도말씀
선포기도문

하나님 아버지,
우리 주님께서 친히 약속하신 말씀, "너희가 내 안에 거하고 내 말이 너희 안에 거하면 무엇이든지 원하는 대로 구하라 그리하면 이루리라"(요 15:7)를 의지하여 기도말씀을 선포합니다.

먼저, 사탄의 방해를 막아주시고, 말씀으로 승리하게 하옵소서. 우리가 말씀을 선포하고 통성으로 기도할 때 하늘 문이 열리고, 기도의 응답이 이루어지며, 하나님의 음성을 듣게 하시고, 성령의 임재를 체험하게 하시며, 기쁨이 충만하게 하옵소서. 중도에 포기하지 않도록 도와주시고, 선포 중 잡념에 사로잡히지 않도록 지켜주옵소서.

모든 크리스천 가정과 교회, 그리고 이민교회, 특별히 악한 영이 강하게 역사하는 선교지에서 사역하는 선교사님들도 함께 선포하는 가운데 기도가 응답되고, 자녀와 가정이 회복되고, 한국교회와 선교지에 부흥이 일어나게 하옵소서. 하나님께서 우리의 기도를 들으시고 응답하실 것을 믿으며 예수님의 이름으로 기도합니다. 아멘.

주께서 하신 말씀이 반드시 이루어지리라고 믿은 그 여자에게 복이 있도다 | 눅 1:45

내가 주의 법도들을 작은 소리로 읊조리며 주의 길들에 주의하며
주의 율례들을 즐거워하며 주의 말씀을 잊지 아니하리이다 | 시 119:15~16

153~154. 고난 당하는 자, 병든 자를 위해 우리가 해야 할 일은 무엇입니까?

야고보서 5:13~14

¹³ 너희 중에 고난 당하는 자가 있느냐 그는 기도할 것이요 즐거워하는 자가 있느냐 그는 찬송할지니라 ¹⁴ 너희 중에 병든 자가 있느냐 그는 교회의 장로들을 청할 것이요 그들은 주의 이름으로 기름을 바르며 그를 위하여 기도할지니라 | 약 5:13~14

155~156. 권세(權勢)들에게 복종하고 기도해야 하는 이유는 무엇입니까?

로마서 13:1~2

¹ 각 사람은 위에 있는 권세들에게 복종하라 권세는 하나님으로부터 나지 않음이 없나니 모든 권세는 다 하나님께서 정하신 바라 ² 그러므로 권세를 거스르는 자는 하나님의 명을 거스름이니 거스르는 자들은 심판을 자취하리라 | 롬 13:1~2

157~158. 모든 크리스천들이 위정자(爲政者)를 위해 기도해야 하는 이유는 무엇입니까?

디모데전서 2:1~2

¹ 그러므로 내가 첫째로 권하노니 모든 사람을 위하여 간구와 기도와 도고와 감사를 하되 임금들과 높은 지위에 있는 모든 사람을 위하여 하라 ² 이는 우리가 모든 경건과 단정함으로 고요하고 평안한 생활을 하려 함이라 | 딤전 2:1~2

159. 전능하신 하나님을 믿는 우리는 어떤 자세로 기도해야 합니까?

빌립보서 4:6

아무 것도 염려하지 말고 다만 모든 일에 기도와 간구로, 너희 구할 것을 감사함으로 하나님께 아뢰라 | 빌 4:6

60~161. 예수님이 말씀하신 불의한 재판장과 과부의 비유에서 하나님의 마음은 무엇입니까?

누가복음 18:7~8

⁷ 하물며 하나님께서 그 밤낮 부르짖는 택하신 자들의 원한을 풀어 주지 아니하시겠느냐 그들에게 오래 참으시겠느냐 ⁸ 내가 너희에게 이르노니 속히 그 원한을 풀어 주시리라 그러나 인자가 올 때에 세상에서 믿음을 보겠느냐 하시니라 | 눅 18:7~8

162~163. 구하고, 찾고, 두드리는 사람이 얻는 것은 무엇입니까?

마태복음 7:7~8

⁷ 구하라 그리하면 너희에게 주실 것이요 찾으라 그리하면 찾아낼 것이요 문을 두드리라 그리하면 너희에게 열릴 것이니 ⁸ 구하는 이마다 받을 것이요 찾는 이는 찾아낼 것이요 두드리는 이에게는 열릴 것이니라 | 마 7:7~8

164~165. 사탄이 제자들을 밀 까부르듯 하려고 요구한 이유는 무엇이며, 이에 대한 예수님이 제자들을 위해 기도하신 내용은 무엇입니까?

누가복음 22:31~32

³¹ 시몬아, 시몬아, 보라 사탄이 너희를 밀 까부르듯 하려고 요구하였으나 ³² 그러나 내가 너를 위하여 네 믿음이 떨어지지 않기를 기도하였노니 너는 돌이킨 후에 네 형제를 굳게 하라 | 눅 22:31~32

166~167. 왜 깨어 기도해야 합니까?

마태복음 26:40~41

⁴⁰ 제자들에게 오사 그 자는 것을 보시고 베드로에게 말씀하시되 너희가 나와 함께 한 시간도 이렇게 깨어 있을 수 없더냐 ⁴¹ 시험에 들지 않게 깨어 기도하라 마음에는 원이로되 육신이 약하도다 하시고 | 마 26:40~41

168. 우리의 기도의 범위는 어디까지입니까?

마태복음 5:44

나는 너희에게 이르노니 너희 원수를 사랑하며 너희를 박해하는 자를 위하여 기도하라 | 마 5:44

169. 나의 영혼이 잠잠히 하나님을 바라는 것은 어떤 확신에 근거한 것입니까?

시편 62:1

나의 영혼이 잠잠히 하나님만 바람이여 나의 구원이 그에게서 나오는도다 | 시 62:1

170~180. 하나님이 우리에게 말씀하실 때, 우리는 어떻게 그 음성을 듣고 응답해야 할까요?

사무엘상 3:1~11

1 아이 사무엘이 엘리 앞에서 여호와를 섬길 때에는 여호와의 말씀이 희귀하여 이상이 흔히 보이지 않았더라 2 엘리의 눈이 점점 어두워 가서 잘 보지 못하는 그 때에 그가 자기 처소에 누웠고 3 하나님의 등불은 아직 꺼지지 아니하였으며 사무엘은 하나님의 궤 있는 여호와의 전 안에 누웠더니 4 여호와께서 사무엘을 부르시는지라 그가 대답하되 내가 여기 있나이다 하고 5 엘리에게로 달려가서 이르되 당신이 나를 부르셨기로 내가 여기 있나이다 하니 그가 이르되 나는 부르지 아니하였으니 다시 누우라 하는지라 그가 가서 누웠더니 6 여호와께서 다시 사무엘을 부르시는지라 사무엘이 일어나 엘리에게로 가서 이르되 당신이 나를 부르셨기로 내가 여기 있나이다 하니 그가 대답하되 내 아들아 내가

부르지 아니하였으니 다시 누우라 하니라 7 사무엘이 아직 여호와를 알지 못하고 여호와의 말씀도 아직 그에게 나타나지 아니한 때라 8 여호와께서 세 번째 사무엘을 부르시는지라 그가 일어나 엘리에게로 가서 이르되 당신이 나를 부르셨기로 내가 여기 있나이다 하니 엘리가 여호와께서 이 아이를 부르신 줄을 깨닫고 9 엘리가 사무엘에게 이르되 가서 누웠다가 그가 너를 부르시거든 네가 말하기를 여호와여 말씀하옵소서 주의 종이 듣겠나이다 하라 하니 이에 사무엘이 가서 자기 처소에 누우니라 10 여호와께서 임하여 서서 전과 같이 사무엘아 사무엘아 부르시는지라 사무엘이 이르되 말씀하옵소서 주의 종이 듣겠나이다 하니 11 여호와께서 사무엘에게 이르시되 보라 내가 이스라엘 중에 한 일을 행하리니 그것을 듣는 자마다 두 귀가 울리리라 | 삼상 3:1~11

04
기도의 응답

181. 하나님의 선하신 뜻은 언제 이루어집니까?

하박국 2:3

이 묵시는 정한 때가 있나니 그 종말이 속히 이르겠고 결코 거짓되지 아니하리라 비록 더딜지라도 기다리라 지체되지 않고 반드시 응하리라
| 합 2:3

182. 내가 죄악을 품고 기도할 때 하나님은 어떻게 하십니까?

시편 66:18

내가 나의 마음에 죄악을 품었더라면 주께서 듣지 아니하시리라
| 시 66:18

183. 내가 죄악을 품고 기도할 때 하나님은 어떻게 하십니까?

예레미야 5:25

너희 허물이 이러한 일들을 물리쳤고 너희 죄가 너희로부터 좋은 것을 막았느니라 | 렘 5:25

184~185. 내가 죄악을 품고 기도할 때 하나님은 어떻게 하십니까?

이사야 59:1~2

^{1} 여호와의 손이 짧아 구원하지 못하심도 아니요 귀가 둔하여 듣지 못하심도 아니라 ^{2} 오직 너희 죄악이 너희와 너희 하나님 사이를 갈라 놓았고 너희 죄가 그의 얼굴을 가리어서 너희에게서 듣지 않으시게 함이니라 | 사 59:1~2

186. 기도응답을 받기 위해 우리가 반드시 순종해야 할 것은 무엇입니까?

마가복음 11:25

서서 기도할 때에 아무에게나 혐의가 있거든 용서하라 그리하여야 하늘에 계신 너희 아버지께서도 너희 허물을 사하여 주시리라 하시니라 | 막 11:25

187~188. 의심이 기도응답의 장애물이 되는 이유는 무엇입니까?

야고보서 1:6~7

⁶ 오직 믿음으로 구하고 조금도 의심하지 말라 의심하는 자는 마치 바람에 밀려 요동하는 바다 물결 같으니 ⁷ 이런 사람은 무엇이든지 주께 얻기를 생각하지 말라 | 약 1:6~7

---

189. 온 마음을 다해 믿음으로 간구하는 기도가 실패하지 않는 이유는 무엇입니까?

마가복음 11:23

내가 진실로 너희에게 이르노니 누구든지 이 산더러 들리어 바다에 던져지라 하며 그 말하는 것이 이루어질 줄 믿고 마음에 의심하지 아니하면 그대로 되리라 | 막 11:23

---

190. 예수님이 백부장의 믿음을 칭찬하신 이유는 무엇입니까?

마태복음 8:10

예수께서 들으시고 놀랍게 여겨 따르는 자들에게 이르시되 내가 진실로 너희에게 이르노니 이스라엘 중 아무에게서도 이만한 믿음을 보지 못하였노라 | 마 8:10

191. 하나님을 기쁘시게 하는 행위는 무엇입니까?

히브리서 11:6

믿음이 없이는 하나님을 기쁘시게 하지 못하나니 하나님께 나아가는 자는 반드시 그가 계신 것과 또한 그가 자기를 찾는 자들에게 상 주시는 이심을 믿어야 할지니라 | 히 11:6

192. 하나님만 섬겨야 하는 이유는 무엇입니까?

사사기 10:13

너희가 나를 버리고 다른 신들을 섬기니 그러므로 내가 다시는 너희를 구원하지 아니하리라 | 삿 10:13

193~195. 하나님이 결코 용납하지 않으시는 행위는 무엇입니까?

에스겔 14:1~3

¹ 이스라엘 장로 두어 사람이 나아와 내 앞에 앉으니 ² 여호와의 말씀이 내게 임하여 이르시되 ³ 인자야 이 사람들이 자기 우상을 마음에 들이며 죄악의 걸림돌을 자기 앞에 두었으니 그들이 내게 묻기를 내가 조금인들 용납하랴 | 겔 14:1~3

하늘 문을 여는 기도말씀 264절

금처럼 소중하고 견고한 믿음으로
말씀을 선포합니다.

———

너희 믿음의 확실함은 불로 연단하여도 없어질 금보다 더 귀하여
예수 그리스도께서 나타나실 때에
칭찬과 영광과 존귀를 얻게 할 것이니라 | 벧전 1:7

파워 통성기도 기도말씀
선포기도문

하나님 아버지,
우리 주님께서 친히 약속하신 말씀, "너희가 내 안에 거하고 내 말이 너희 안에 거하면 무엇이든지 원하는 대로 구하라 그리하면 이루리라"(요 15:7)를 의지하여 기도말씀을 선포합니다.

먼저, 사탄의 방해를 막아주시고, 말씀으로 승리하게 하옵소서. 우리가 말씀을 선포하고 통성으로 기도할 때 하늘 문이 열리고, 기도의 응답이 이루어지며, 하나님의 음성을 듣게 하시고, 성령의 임재를 체험하게 하시며, 기쁨이 충만하게 하옵소서. 중도에 포기하지 않도록 도와주시고, 선포 중 잡념에 사로잡히지 않도록 지켜주옵소서.

모든 크리스천 가정과 교회, 그리고 이민교회, 특별히 악한 영이 강하게 역사하는 선교지에서 사역하는 선교사님들도 함께 선포하는 가운데 기도가 응답되고, 자녀와 가정이 회복되고, 한국 교회와 선교지에 부흥이 일어나게 하옵소서. 하나님께서 우리의 기도를 들으시고 응답하실 것을 믿으며 예수님의 이름으로 기도합니다. 아멘.

주께서 하신 말씀이 반드시 이루어지리라고 믿은 그 여자에게 복이 있도다 | 눅 1:45

내가 주의 법도들을 작은 소리로 읊조리며 주의 길들에 주의하며
주의 율례들을 즐거워하며 주의 말씀을 잊지 아니하리이다 | 시 119:15~16

196~197. 아무리 간절히 기도하고 부르짖어도 하나님이 응답하시지 않는 이유는 무엇입니까?

예레미야 11:13~14

¹³ 유다야 네 신들이 네 성읍의 수와 같도다 너희가 예루살렘 거리의 수대로 그 수치스러운 물건의 제단 곧 바알에게 분향하는 제단을 쌓았도다 ¹⁴ 그러므로 너는 이 백성을 위하여 기도하지 말라 그들을 위하여 부르짖거나 구하지 말라 그들이 그 고난으로 말미암아 내게 부르짖을 때에 내가 그들에게서 듣지 아니하리라 | 렘 11:13~14

198. 하나님께서 인색한 자의 기도를 거절하시는 이유가 무엇입니까?

잠언 21:13

귀를 막고 가난한 자가 부르짖는 소리를 듣지 아니하면 자기가 부르짖을 때에도 들을 자가 없으리라 | 잠 21:13

199~206. 하나님이 기뻐하시는 금식과 기도는 어떤 것입니까?

이사야 58:3~10

³ 우리가 금식하되 어찌하여 주께서 보지 아니하시오며 우리가 마음을 괴롭게 하되 어찌하여 주께서 알아 주지 아니하시나이까 ⁴ 보라 너희가 금식하는 날에 오락을 구하며 온갖 일을 시키는도다 보라 너희가 금식

하면서 논쟁하며 다투며 악한 주먹으로 치는도다 너희가 오늘 금식하는 것은 너희의 목소리를 상달하게 하려는 것이 아니니라 ⁵ 이것이 어찌 내가 기뻐하는 금식이 되겠으며 이것이 어찌 사람이 자기의 마음을 괴롭게 하는 날이 되겠느냐 그의 머리를 갈대 같이 숙이고 굵은 베와 재를 펴는 것을 어찌 금식이라 하겠으며 여호와께 열납될 날이라 하겠느냐 ⁶ 내가 기뻐하는 금식은 흉악의 결박을 풀어 주며 멍에의 줄을 끌러 주며 압제 당하는 자를 자유하게 하며 모든 멍에를 꺾는 것이 아니겠느냐 ⁷ 또 주린 자에게 네 양식을 나누어 주며 유리하는 빈민을 집에 들이며 헐벗은 자를 보면 입히며 또 네 골육을 피하여 스스로 숨지 아니하는 것이 아니겠느냐 ⁸ 그리하면 네 빛이 새벽 같이 비칠 것이며 네 치유가 급속할 것이며 네 공의가 네 앞에 행하고 여호와의 영광이 네 뒤에 호위하리니 ⁹ 네가 부를 때에는 나 여호와가 응답하겠고 네가 부르짖을 때에는 내가 여기 있다 하리라 만일 네가 너희 중에서 멍에와 손가락질과 허망한 말을 제하여 버리고 ¹⁰ 주린 자에게 네 심정이 동하며 괴로워하는 자의 심정을 만족하게 하면 네 빛이 흑암 중에서 떠올라 네 어둠이 낮과 같이 될 것이며 | 사 58:3~10

207~208. 기도할 때, 소금과 빛이 되게 해달라고 기도하지 말아야 이유는 무엇입니까?

마태복음 5:13~14

¹³ 너희는 세상의 소금이니 소금이 만일 그 맛을 잃으면 무엇으로 짜게

하리요 후에는 아무 쓸 데 없어 다만 밖에 버려져 사람에게 밟힐 뿐이니라 ¹⁴ 너희는 세상의 빛이라 산 위에 있는 동네가 숨겨지지 못할 것이요 | 마 5:13~14

209. 예수님이 공생애 동안 하신 3대 사역은 무엇입니까?

마태복음 4:23

예수께서 온 갈릴리에 두루 다니사 그들의 회당에서 가르치시며 천국 복음을 전파하시며 백성 중의 모든 병과 모든 약한 것을 고치시니
| 마 4:23

210~211. 예수님께서 앉아서 사람을 기다리지 않으시고 친히 행하신 일은 무엇입니까?

마가복음 1:38~39

³⁸ 이르시되 우리가 다른 가까운 마을들로 가자 거기서도 전도하리니 내가 이를 위하여 왔노라 하시고 ³⁹ 이에 온 갈릴리에 다니시며 그들의 여러 회당에서 전도하시고 또 귀신들을 내쫓으시더라
| 막 1:38~39

212~214. 엘리야는 어떤 사람이었으며 그는 어떻게 기도했습니까?

야고보서 5:16~18

¹⁶ 그러므로 너희 죄를 서로 고백하며 병이 낫기를 위하여 서로 기도하라 의인의 간구는 역사하는 힘이 큼이니라 ¹⁷ 엘리야는 우리와 성정이 같은 사람이로되 그가 비가 오지 않기를 간절히 기도한즉 삼 년 육 개월 동안 땅에 비가 오지 아니하고 ¹⁸ 다시 기도하니 하늘이 비를 주고 땅이 열매를 맺었느니라 | 약 5:16~18

215~217. 하나님이 이스라엘 백성에게 만나를 주셨을 때, 그들은 왜 그것에 만족하지 못했으며, 그들이 불평한 이유는 무엇이었습니까?

민수기 11:4~6

⁴ 그들 중에 섞여 사는 다른 인종들이 탐욕을 품으매 이스라엘 자손도 다시 울며 이르되 누가 우리에게 고기를 주어 먹게 하랴 ⁵ 우리가 애굽에 있을 때에는 값없이 생선과 오이와 참외와 부추와 파와 마늘들을 먹은 것이 생각나거늘 ⁶ 이제는 우리의 기력이 다하여 이 만나 외에는 보이는 것이 아무 것도 없도다 하니 | 민 11:4~6

218~219. 세베대의 아들의 어머니가 예수께 구한 것은 무엇이었으며, 이 말씀이 우리에게 주는 교훈은 무엇입니까?

마태복음 20:20~21

²⁰ 그 때에 세베대의 아들의 어머니가 그 아들들을 데리고 예수께 와서 절하며 무엇을 구하니 ²¹ 예수께서 이르시되 무엇을 원하느냐 이르되 나의 이 두 아들을 주의 나라에서 하나는 주의 우편에, 하나는 주의 좌편에 앉게 명하소서 | 마 20:20~21

220. 우리가 어떻게 기도할 바를 알지 못할 때 성령이 우리를 위해 하시는 일은 무엇입니까?

로마서 8:26

이와 같이 성령도 우리의 연약함을 도우시나니 우리는 마땅히 기도할 바를 알지 못하나 오직 성령이 말할 수 없는 탄식으로 우리를 위하여 친히 간구하시느니라 | 롬 8:26

221. 예수님께서 우리를 위해 자신을 버리셨다는 말씀에서, 기도하는 사람이 자신을 어떻게 희생하여 하나님과 이웃을 섬길 수 있습니까?

에베소서 5:2

그리스도께서 너희를 사랑하신 것 같이 너희도 사랑 가운데서 행하라

그는 우리를 위하여 자신을 버리사 향기로운 제물과 희생제물로 하나님께 드리셨느니라 | 엡 5:2

222~223. 기도하는 사람이 자신의 행동과 말로 대적자에게 부끄러움을 주고, 하나님의 영광을 나타내기 위해서 어떻게 살아가야 합니까?

디도서 2:7~8

7 범사에 네 자신이 선한 일의 본을 보이며 교훈에 부패하지 아니함과 단정함과 8 책망할 것이 없는 바른 말을 하게 하라 이는 대적하는 자로 하여금 부끄러워 우리를 악하다 할 것이 없게 하려 함이라 | 딛 2:7~8

224~227. 예수님이 겟세마네에서 기도하실 때 고민하고 슬퍼하셨지만 결국 '나의 원대로 마시옵고 아버지의 원대로 하옵소서'라고 말씀하신 의미는 무엇입니까?

마태복음 26:36~39

36 이에 예수께서 제자들과 함께 겟세마네라 하는 곳에 이르러 제자들에게 이르시되 내가 저기 가서 기도할 동안에 너희는 여기 앉아 있으라 하시고 37 베드로와 세베대의 두 아들을 데리고 가실새 고민하고 슬퍼

하사 38 이에 말씀하시되 내 마음이 매우 고민하여 죽게 되었으니 너희는 여기 머물러 나와 함께 깨어 있으라 하시고 39 조금 나아가사 얼굴을 땅에 대시고 엎드려 기도하여 이르시되 내 아버지여 만일 할 만하시거든 이 잔을 내게서 지나가게 하옵소서 그러나 나의 원대로 마시옵고 아버지의 원대로 하옵소서 하시고 | 마 26:36~39

228~229. 하나님의 뜻을 빙자하여 자신이 원하는 것을 정당화하고, 자신의 계획이나 행동을 거룩하게 보이도록 하는 행위를 분별하는 방법은 무엇입니까?

예레미야 23:16~17

16 만군의 여호와께서 이와 같이 말씀하시되 너희에게 예언하는 선지자들의 말을 듣지 말라 그들은 너희에게 헛된 것을 가르치나니 그들이 말한 묵시는 자기 마음으로 말미암은 것이요 여호와의 입에서 나온 것이 아니니라 17 항상 그들이 나를 멸시하는 자에게 이르기를 너희가 평안하리라 여호와의 말씀이니라 하며 또 자기 마음이 완악한 대로 행하는 모든 사람에게 이르기를 재앙이 너희에게 임하지 아니하리라 하였느니라 | 렘 23:16~17

230~231. 하나님의 길과 우리의 길이 다르다는 점에서, 우리가 그 뜻을 신뢰하며 따르기 위해 필요한 태도는 무엇입니까?

이사야 55:8~9

⁸ 이는 내 생각이 너희의 생각과 다르며 내 길은 너희의 길과 다름이니라 여호와의 말씀이니라 ⁹ 이는 하늘이 땅보다 높음 같이 내 길은 너희의 길보다 높으며 내 생각은 너희의 생각보다 높음이니라 | 사 55:8~9

하늘 문을 여는 기도말씀 264절

土요일

말씀의 씨앗이 마음의 옥토에 떨어져
30배, 60배, 100배의 결실을 맺기를 소망하며
말씀을 선포합니다.

———

좋은 땅에 뿌려졌다는 것은 말씀을 듣고 깨닫는 자니
결실하여 어떤 것은 백 배, 어떤 것은 육십 배,
어떤 것은 삼십 배가 되느니라 하시더라 | 마 13:23

파워 통성기도 기도말씀
선포기도문

하나님 아버지,
우리 주님께서 친히 약속하신 말씀, "너희가 내 안에 거하고 내 말이 너희 안에 거하면 무엇이든지 원하는 대로 구하라 그리하면 이루리라"(요 15:7)를 의지하여 기도말씀을 선포합니다.

먼저, 사탄의 방해를 막아주시고, 말씀으로 승리하게 하옵소서. 우리가 말씀을 선포하고 통성으로 기도할 때 하늘 문이 열리고, 기도의 응답이 이루어지며, 하나님의 음성을 듣게 하시고, 성령의 임재를 체험하게 하시며, 기쁨이 충만하게 하옵소서. 중도에 포기하지 않도록 도와주시고, 선포 중 잡념에 사로잡히지 않도록 지켜 주옵소서.

모든 크리스천 가정과 교회, 그리고 이민교회, 특별히 악한 영이 강하게 역사하는 선교지에서 사역하는 선교사님들도 함께 선포하는 가운데 기도가 응답되고, 자녀와 가정이 회복되고, 한국 교회와 선교지에 부흥이 일어나게 하옵소서. 하나님께서 우리의 기도를 들으시고 응답하실 것을 믿으며 예수님의 이름으로 기도합니다. 아멘.

주께서 하신 말씀이 반드시 이루어지리라고 믿은 그 여자에게 복이 있도다 | 눅 1:45

내가 주의 법도들을 작은 소리로 읊조리며 주의 길들에 주의하며
주의 율례들을 즐거워하며 주의 말씀을 잊지 아니하리이다 | 시 119:15~16

232~233. 우리가 기도할 때 담대하게 기도해야 하는 이유는 무엇입니까?

요한일서 5:14~15

¹⁴ 그를 향하여 우리가 가진 바 담대함이 이것이니 그의 뜻대로 무엇을 구하면 들으심이라 ¹⁵ 우리가 무엇이든지 구하는 바를 들으시는 줄을 안즉 우리가 그에게 구한 그것을 얻은 줄을 또한 아느니라 | 요일 5:14~15

234~235. 하나님이 엘리야의 기도에 즉각적으로 응답하신 이유는 무엇입니까?

열왕기상 18:37~38

³⁷ 여호와여 내게 응답하옵소서 내게 응답하옵소서 이 백성에게 주 여호와는 하나님이신 것과 주는 그들의 마음을 되돌이키심을 알게 하옵소서 하매 ³⁸ 이에 여호와의 불이 내려서 번제물과 나무와 돌과 흙을 태우고 또 도랑의 물을 핥은지라 | 왕상 18:37~38

236~237. 유다 왕 히스기야가 병들어 죽게 되어 벽을 향하여 통곡할 때, 하나님께서 그의 기도에 즉각적으로 응답하신 이유는 무엇입니까?

열왕기하 20:5~6

⁵ 너는 돌아가서 내 백성의 주권자 히스기야에게 이르기를 왕의 조상 다윗의 하나님 여호와의 말씀이 내가 네 기도를 들었고 네 눈물을 보았노라 내가 너를 낫게 하리니 네가 삼 일 만에 여호와의 성전에 올라가겠고 ⁶ 내가 네 날에 십오 년을 더할 것이며 내가 너와 이 성을 앗수르 왕의 손에서 구원하고 내가 나를 위하고 또 내 종 다윗을 위하므로 이 성을 보호하리라 하셨다 하라 하셨더라 | 왕하 20:5~6

238~240. 하나님은 다니엘의 기도를 첫 날부터 들으셨으나 응답이 지연된 이유는 무엇입니까?

다니엘 10:12~14

¹² 그가 내게 이르되 다니엘아 두려워하지 말라 네가 깨달으려 하여 네 하나님 앞에 스스로 겸비하게 하기로 결심하던 첫날부터 네 말이 응답 받았으므로 내가 네 말로 말미암아 왔느니라 ¹³ 그런데 바사 왕국의 군주가 이십일 일 동안 나를 막았으므로 내가 거기 바사 왕국의 왕들과 함께 머물러 있더니 가장 높은 군주 중 하나인 미가엘이 와서 나를 도와 주므로 ¹⁴ 이제 내가 마지막 날에 네 백성이 당할 일을 네게 깨닫게 하러 왔노라 이는 이 환상이 오랜 후의 일임이라 하더라
| 단 10:12~14

241~242. 하나님이 사도바울의 기도에 응답하지 않았음에도 크게 기뻐한 이유는 무엇입니까?

고린도후서 12:8~9

8 이것이 내게서 떠나가게 하기 위하여 내가 세 번 주께 간구하였더니 9 나에게 이르시기를 내 은혜가 네게 족하도다 이는 내 능력이 약한 데서 온전하여짐이라 하신지라 그러므로 도리어 크게 기뻐함으로 나의 여러 약한 것들에 대하여 자랑하리니 이는 그리스도의 능력이 내게 머물게 하려 함이라 | 고후 12:8~9

243. 하나님은 우리의 기도에 언제 응답하십니까?

시편 37:7

여호와 앞에 잠잠하고 참고 기다리라 자기 길이 형통하며 악한 꾀를 이루는 자 때문에 불평하지 말지어다 | 시 37:7

244. 주를 만날 기회를 얻어서 기도할 때 어떤 결과를 얻을 수 있습니까?

시편 32:6

이로 말미암아 모든 경건한 자는 주를 만날 기회를 얻어서 주께 기도할지라 진실로 홍수가 범람할지라도 그에게 미치지 못하리이다 | 시 32:6

245. 하나님이 엘리야의 기도를 거절하신 이유는 무엇입니까?

열왕기상 19:4

자기 자신은 광야로 들어가 하룻길쯤 가서 한 로뎀 나무 아래에 앉아서 자기가 죽기를 원하여 이르되 여호와여 넉넉하오니 지금 내 생명을 거두시옵소서 나는 내 조상들보다 낫지 못하니이다 하고 | 왕상 19:4

246. 기도보다 더 선행되어야 할 것은 무엇입니까?

사도행전 20:24

내가 달려갈 길과 주 예수께 받은 사명 곧 하나님의 은혜의 복음을 증언하는 일을 마치려 함에는 나의 생명조차 조금도 귀한 것으로 여기지 아니하노라 | 행 20:24

247. 귀신들도 하나님의 자녀들을 알아보는 이유는 무엇입니까?

사도행전 19:15

악귀가 대답하여 이르되 내가 예수도 알고 바울도 알거니와 너희는 누구냐 하며 | 행 19:15

248~250. 구원을 받지 못하고 거듭나지 않은 사람에게는 기도가 사실상 무의미한 이유는 무엇입니까?

마태복음 7:21~23

²¹ 나더러 주여 주여 하는 자마다 다 천국에 들어갈 것이 아니요 다만 하늘에 계신 내 아버지의 뜻대로 행하는 자라야 들어가리라 ²² 그 날에 많은 사람이 나더러 이르되 주여 주여 우리가 주의 이름으로 선지자 노릇 하며 주의 이름으로 귀신을 쫓아 내며 주의 이름으로 많은 권능을 행하지 아니하였나이까 하리니 ²³ 그 때에 내가 그들에게 밝히 말하되 내가 너희를 도무지 알지 못하니 불법을 행하는 자들아 내게서 떠나가라 하리라 | 마 7:21~23

251~253. 기도가 예수님과의 관계에서 비롯되는 이유는 무엇입니까?

요한복음 15:5~7

⁵ 나는 포도나무요 너희는 가지라 그가 내 안에, 내가 그 안에 거하면 사람이 열매를 많이 맺나니 나를 떠나서는 너희가 아무 것도 할 수 없음이라 ⁶ 사람이 내 안에 거하지 아니하면 가지처럼 밖에 버려져 마르나니 사람들이 그것을 모아다가 불에 던져 사르느니라 ⁷ 너희가 내 안에 거하고 내 말이 너희 안에 거하면 무엇이든지 원하는 대로 구하라 그리하면 이루리라 | 요 15:5~7

254~255. 예수님과의 관계를 형성하는 방법은 무엇입니까?

로마서 10:9~10

⁹ 네가 만일 네 입으로 예수를 주로 시인하며 또 하나님께서 그를 죽은 자 가운데서 살리신 것을 네 마음에 믿으면 구원을 받으리라 ¹⁰ 사람이 마음으로 믿어 의에 이르고 입으로 시인하여 구원에 이르느니라
| 롬 10:9~10

256. 예수님과의 관계가 그토록 중요한 이유는 무엇입니까?

요한계시록 21:27

무엇이든지 속된 것이나 가증한 일 또는 거짓말하는 자는 결코 그리로 들어가지 못하되 오직 어린 양의 생명책에 기록된 자들만 들어가리라
| 계 21:27

257. 예수님과의 관계가 그토록 중요한 이유는 무엇입니까?

요한계시록 20:15

누구든지 생명책에 기록되지 못한 자는 불못에 던져지더라 | 계 20:15

258. 신앙생활에서 가장 중요한 사건은 무엇입니까?

요한복음 1:12

영접하는 자 곧 그 이름을 믿는 자들에게는 하나님의 자녀가 되는 권세를 주셨으니 | 요 1:12

259. 신앙생활에서 가장 중요한 사건은 무엇입니까?

요한복음 5:24

내가 진실로 진실로 너희에게 이르노니 내 말을 듣고 또 나 보내신 이를 믿는 자는 영생을 얻었고 심판에 이르지 아니하나니 사망에서 생명으로 옮겼느니라 | 요 5:24

260. 신앙생활에서 가장 중요한 사건은 무엇입니까?

갈라디아서 2:20

내가 그리스도와 함께 십자가에 못 박혔나니 그런즉 이제는 내가 사는 것이 아니요 오직 내 안에 그리스도께서 사시는 것이라 이제 내가 육체 가운데 사는 것은 나를 사랑하사 나를 위하여 자기 자신을 버리신 하나님의 아들을 믿는 믿음 안에서 사는 것이라 | 갈 2:20

261~263. 예수님을 믿어야 하는 이유는 무엇입니까?

요한복음 3:14~16

14 모세가 광야에서 뱀을 든 것 같이 인자도 들려야 하리니 15 이는 그를 믿는 자마다 영생을 얻게 하려 하심이니라 16 하나님이 세상을 이처럼 사랑하사 독생자를 주셨으니 이는 그를 믿는 자마다 멸망하지 않고 영생을 얻게 하려 하심이라 | 요 3:14~16

264. 바로 지금, 이 시간은 어떤 시간입니까?

고린도후서 6:2

이르시되 내가 은혜 베풀 때에 너에게 듣고 구원의 날에 너를 도왔다 하셨으니 보라 지금은 은혜 받을 만한 때요 보라 지금은 구원의 날이로다 | 고후 6:2